AF549312

Segen

ANSELM **GRÜN**
FRIEDRICH **ASSLÄNDER**

DIE HEILENDE **KRAFT**

Impressum

Anselm Grün & Friedrich Assländer
Segen – Die heilende Kraft

Gestaltung Umschlag & Innenteil: Kerstin Fiebig [ad-department.de]
Projektbetreuung: Amelie Ullrich
Lektorat: Ina Kleinod
Fotos: Foto Koch, Kitzingen
Druck & Verarbeitung: Westermann Druck Zwickau

info@j-kamphausen.de | www.weltinnenraum.de

ISBN Printausgabe: 978-3-95883-152-0
ISBN E-Book: 978-3-95883-153-7

1. Auflage 2017

Bibliografische Information der Deutschen Nationalbibliothek
Die Deutsche Nationalbibliothek verzeichnet diese Publikation in der Deutschen Nationalbibliografie; detaillierte bibliografische Daten sind im Internet über http://dnb.d-nb.de abrufbar.

Dieses Buch wurde auf 100% Altpapier gedruckt und ist alterungsbeständig. Weitere Informationen hierzu finden Sie unter www.weltinnenraum.de

ANSELM GRÜN
FRIEDRICH ASSLÄNDER
Segen
DIE HEILENDE KRAFT

Inhalt

Hinweis

Der leichteren Lesbarkeit halber haben wir die männliche Sprachform gewählt. Wir bitten daher alle Leserinnen, sich genauso eingeladen und angesprochen zu fühlen.

Für eine leichtere Unterscheidung der beiden Autoren haben wir uns für eine Kennzeichnung der jeweiligen Texte entschieden – (AG) für Anselm Grün, (FA) für Friedrich Assländer.

Vorwort

„Segen“ und „segnen“ – das sind zwei ziemlich altmodische und religiös verbrämte Worte. In ihnen können wir jedoch verborgene und vergessene Kräfte finden, die uns helfen, in der Welt von „Immer-Schneller“ und „Immer-Mehr“ die wachsenden Herausforderungen besser zu meistern. Wir möchten Ihnen, liebe Leserin und lieber Leser, zeigen, wie Sie selbst mehr Segen in Ihr Leben bringen können und selbst zum Segen für andere werden können. Sie werden den Segen als universelle Kraft in seiner tieferen Bedeutung verstehen lernen, aber auch erkennen können, inwiefern der grundsätzlich in der Schöpfung angelegte Segen gefährdet ist. Wir möchten Ihnen auch Auswege aus den Irrwegen unserer Gesellschaft und Kultur anbieten.

Gott sah, dass es gut war.

Geht dieser in der Bibel zugesagte Segen allmählich verloren? Was sind die Ursachen dafür, dass uns manches eher als Fluch, denn als Segen erscheint? Wir gehen den Fragen nach, wer oder was ein Segen überhaupt ist und wodurch etwas zum Segen wird. Was geschieht, wenn wir selbst etwas oder jemanden segnen? In den alten Traditionen unserer eigenen Kultur, aber auch in den Ritualen und Erfahrungen anderer Kulturkreise finden wir viele Anleitungen und Hinweise, wie wir zu einem gesegneten und gelingenden Leben finden können. Wir haben für Sie praktische Übungen zusammengetragen und laden Sie ein, die Ausführungen direkt in Ihrem Alltag umzusetzen.

Friedrich Assländer

Ein *gesegnetes* Leben führen

Segen und Glück

(FA) Die überaus große Bedeutung von Segen und Segnen ist eng mit dem menschlichen Streben nach Glück, nach Glücklichsein verbunden. **„Das letzte Ziel des Menschen ist das Glück“**, formulierte Thomas von Aquin bereits im 13. Jahrhundert. Aristoteles brachte es in seiner Nikomachischen Ethik schon 300 Jahre vor Christus auf den Punkt: **„Glück sei das, was der Mensch um seiner selbst willen anstrebt, und nicht um etwas anderes damit zu erreichen.“** Der Buddhismus geht dem Sinn nach sogar noch weiter, indem er postuliert: **„Alle Wesen wollen glücklich sein.“** Man kann trefflich streiten, was genau uns Menschen glücklich macht, es besteht jedoch weitestgehend Konsens darin, dass körperliches und seelisches Wohlergehen dazugehören, ein gelingendes Leben, die Realisierung beruflicher Vorhaben und Pläne sowie das Beschütztsein vor Gefahren und Katastrophen. Ganz allgemein können wir sagen:

Segen ist das, was uns widerfährt und zu unserem Glück beiträgt.

Jedoch scheinen wir Menschen Glück nicht aus eigener Macht allein erreichen zu können. Immer wieder sind wir Ereignissen und Bedrohungen ausgesetzt, die unser Glück, unser Wohlergehen und unsere Unversehrtheit gefährden. High Technology und Absicherungen aller Art genügen offenbar nicht, um uns umfassend zu schützen. Also suchen wir nach Möglichkeiten, die jenseits der eigenen Tüchtigkeit und jenseits unseres eigenen Vermögens liegen, um das Glück herbeizuführen. Das geht nicht ohne den Glauben an eine höhere Macht oder eine göttliche Kraft. Alle Religionen haben Symbole, Rituale und Gesten entwickelt, um das Wohlwollen dieser höheren

Adresse zu erreichen. In unserem Kulturkreis bitten wir beispielsweise um Segen für uns selbst, für uns Nahestehende oder für unsere Vorhaben.

Es ist wohl auch der Kern aller religiösen Systeme, den Menschen Wege zu zeigen und Hilfe anzubieten, wie sie ihr Leben mit den Kräften aus der geistigen Welt bewältigen können. Im Christentum glauben wir an Engel, die uns helfen und beschützen. Wir weihen Kirchen beziehungsweise kirchliche Einrichtungen einem Schutzpatron oder Heiligen, der nach katholischem Verständnis um seine Fürsprache bei Gott angerufen werden kann und dessen Namen sie dann tragen, wie Martinskirche, Kiliansdom und so weiter. Wir haben auch Heilige für besondere Anliegen, einer der bekanntesten ist der Heilige Florian, der die Feuerwehrleute schützt. Der Heilige Antonius ist der Helfer der „Schlamper", wenn es darum geht, verlorene und verlegte Sachen wiederzufinden. Ich kenne Personen, die regelrecht auf ihn schwören, da er ihnen schon oft bei der Suche erfolgreich geholfen hat. Der Heilige Josef ist nicht nur der Beschützer der Handwerker, sondern auch der „Universalhelfer" für alle Anliegen. Heilige sind also schon dem Wort nach Heilsbringer. Viele Berichte über wundersame Fügungen, wenn der Heilige um Beistand gebeten wurde, „beweisen" die Richtigkeit dieses Glaubens.

Der Hinduismus kennt Millionen von Göttern und Göttinnen. Jeder ist mit einer bestimmten Macht oder Kraft ausgestattet und verkörpert bestimmte Aspekte der einen letzten heiligen Kraft Brahman. Durch das Anrufen dieser Macht suchen Hindus die Erfüllung ihrer Wünsche und den Schutz vor Gefahren. Die Gläubigen haben meistens einen Lieblingsgott, den sie wie einen Schutzheiligen verehren und um dessen Segen sie erbitten. Ihr Alltag ist nahezu von religiösen Ritualen durchdrungen, um für alles Tun die Unterstützung und den Segen aus der geistigen Welt zu erhalten.

Der Buddhismus lehrt Wege, die aus dem Leid hinausführen, und damit ist für den Gläubigen das Glück durch eigenes Bemühen möglich. Im Zentrum stehen die sogenannten „Vier edlen Wahrheiten", deren Botschaft im Kern besagt: Es gibt Leiden. Es gibt Ursachen des Leidens. Es gibt ein Erlöschen der Ursachen und des Leidens. Es gibt einen Weg, Leid zu beenden – der „Achtfache Pfad". Dieser zeigt, worauf wir achten müssen, um das Leid zu überwinden.

Der buddhistische Weg ist eine Geistesschulung, die in verschiedenen Formen der Meditation praktiziert wird wie beispielsweise die Beobachtung des Atmens, das stille Sitzen und das Training der Achtsamkeit. Ziel dieser Schulung beziehungsweise der Arbeit an sich selbst ist das eigene Glück, aber nicht um seiner selbst willen, sondern um Mitgefühl zu allen Wesen zu entwickeln und zu deren Glück beizutragen. Der Buddhist will zum Segen für andere werden.

Die Anziehung, die der Buddhismus auf viele Menschen im Westen ausübt, hat vielleicht ihre Ursache darin, dass er sehr praktische Anleitungen anbietet und auf Moralisieren und Verurteilen verzichtet. Die Weisungen zielen darauf ab, Glück zu erreichen sowie Liebe und Mitgefühl zu entwickeln. Das buddhistische Konzept des Karmas geht von der Tatsache des Leidens und dessen Ursache aus, während das Christentum von Erbsünde und moralischer Schuld spricht.

(AG) Aber die Bibel beginnt nicht mit Sünde und Schuld, sondern mit dem Segen! Nachdem Gott die Menschen erschaffen hatte, segnete er sie: **„Gott segnete sie und sprach: ‚Seid fruchtbar, und vermehrt euch' (...) Gott sah alles an, was er gemacht hatte: Es war sehr gut."**[1] Der Anfang von allem ist für das Christentum der Segen, allerdings folgt auf die Schöpfungsgeschichte gemäß der

[1] 1. Mose 1:28,31

Heiligen Schrift unmittelbar die Geschichte des Sündenfalls. Damit wird das Geheimnis gelüftet, dass in der guten und schönen Welt so manches doch nicht so gut läuft und dass es auch Böses gibt. Leider hat die christliche Botschaft der letzten Jahrhunderte den Akzent zu sehr auf Sünde und Schuld gelegt. Das entspricht grundsätzlich aber nicht dem wahren Wesen des christlichen Glaubens. Der Grund allen Glaubens ist eigentlich der gute Gott und die gute Schöpfung. Der Mensch hat bekanntlich diese gute Schöpfung korrumpiert, weil er selbst „wie Gott" sein wollte. Ein anderer Glaubensgrund ist daher Jesus Christus, der die ursprüngliche Schönheit der Schöpfung wiederherstellte und den Menschen in seiner gesegneten Würde erneuerte. Weder am Ursprung der Schöpfung noch am Beginn der christlichen Tradition stand also ein moralischer Zeigefinger, sondern waren vielmehr tiefe Dankbarkeit und großes Wohlwollen.

In Jesus hat Gott uns Menschen von Neuem gesegnet. Er hat den Segen, der durch die Sünde „verdunkelt" war, wieder in seinem vollen Glanz zum Leuchten gebracht. Im Brief an die Epheser drückt der Apostel Paulus das so aus: **„Er hat uns mit allem Segen seines Geistes gesegnet durch unsere Gemeinschaft mit Christus im Himmel."**[2]

(FA) Auf die umfassende Bedeutung der Unterstützung durch eine höhere Macht verweist ein altes Sprichwort:

An Gottes Segen ist alles gelegen!

[2] Epheser 1:3

Naturreligionen haben in ganz besonderer Weise Riten und Zeremonien entwickelt, um den Segen aus der geistigen Welt zu erbitten. Die nordamerikanischen Indianer beispielsweise sehen in der Natur viele Kräfte, die der Mensch anrufen kann, ihn zu unterstützen. Dazu gehören unter anderem die Totemtiere, kraftvolle Tiere einer bestimmten Art, zu denen der Einzelne ein tieferes persönliches Verhältnis hat. Von den Fähigkeiten des Tieres profitiert er, wenn er sich mit ihm verbindet. In allen Naturreligionen ist die Natur selbst heilig. Diese Heiligkeit zeigt sich in der Fülle und Mannigfaltigkeit ihrer Erscheinungen.

(AG) In Afrika, aber auch bei den Indios in Peru kennt man Zeichen und Symbole, die von Gottes Segen „erfüllt" sind. So schenken die Indios einem Gast z. B. einen Stein, den sie gesegnet und mit ihren Gebeten erfüllt haben. Der Stein soll den Gast begleiten und ihn daran erinnern, dass Gottes Segen immer bei ihm ist. Im Christentum kennen wir in ähnlicher Weise auch den Segen über Gegenstände. Das hat gar nichts mit Magie zu tun, vielmehr soll der gesegnete Gegenstand den Menschen daran erinnern, dass Gottes Segen ihn auch im Alltag stets begleitet. Und der Segen über Gegenstände drückt explizit aus, dass Gott nicht nur durch die Bibel oder durch Menschen zu uns spricht, sondern auch durch materielle Dinge und jede Art von Schöpfung. Jesus selbst hat das so gesehen, wenn er von sich sagt: **„Ich bin der wahre Weinstock"**[3], **„Ich bin die Tür"**[4] **oder „Ich bin das lebendige Brot"**[5]. Wenn wir einen Ring segnen und diesen gesegneten

[3] Johannes 15:1
[4] Johannes 10:7
[5] Johannes 6:51

Ring tragen, dann erinnern wir uns daran, dass Gott alles Brüchige in uns zusammenhält, alles Kantige in uns abrundet, dass er uns ganz macht und alles Getrennte in uns wieder verbindet.

(FA) Mit dem Wort „Segen" wird aber auch das Vorhandensein von Fülle und Gedeihen bezeichnet. Wir sagen, auf einem Projekt oder einem Vorhaben liege ein Segen, wenn es sich außerordentlich gut entwickelt oder ganz besonders gut gelingt. Wir fühlen uns gesegnet, wenn es uns gut geht. Deshalb wissen gläubige Menschen, dass sie ihr Wohlergehen der Gnade Gottes verdanken.

Wir erleben als gesegnet, was unseren Wünschen und Werten entspricht.

Umgekehrt sprechen wir von einem Unglück oder von Unheil, wenn Glück und Heil nicht eintreten. Da stoßen beispielsweise zwei Personenzüge zusammen, trotz bester Sicherungstechnik. Wir verlieren unseren Arbeitsplatz, trotz unserer guten Leistungen. Wir werden krank, obwohl wir uns gesund ernähren, und erfahren den Tod unserer Angehörigen, obwohl wir sie lieben. Unser Machbarkeitswahn und unser Bemühen, alles unter Kontrolle zu haben, um Leid und Misslingen zu verhindern, erfahren immer wieder harte Korrekturen.

Eine Einladung

(FA) Reflektieren Sie zu Hause oder bei einem Spaziergang für 5–15 Minuten die Frage: ***Womit bin ich gesegnet?***

Gehen Sie die verschiedenen Lebensbereiche durch:

- Körper und Gesundheit;
- Wohnen, Familie und Partner;
- Beruf, Einkommen und Besitz.

Vergleichen Sie sich nun mit Menschen, denen nicht zuteil wird, was Sie haben:

- Flüchtlinge;
- kranke Menschen in Ihrem Alter;
- Menschen in Ihrem Umfeld, die gerade persönliches Leid erfahren.

Stellen Sie sich diese weiterführenden Fragen:

- Wieso geht es mir gut und anderen nicht?
- Ist das mein Verdienst?
- Ist mein Lebensweg besonders gesegnet?

Leiten Sie daraus die naheliegende Frage ab:

- Wenn ich so gesegnet bin – wie kann ich dann selbst zum Segen für andere werden?

Um Segen bitten

(FA) Die Anrufung von Kräften in der geistigen Welt mit der Bitte um Unterstützung wird von alters her in allen Religionen praktiziert. Die Bitte um den Segen für Ernte, für Gesundheit, Unversehrtheit und um die Erfüllung von Wünschen hat vielfältige Formen. Im Christentum wie auch im Judentum und im Islam steht der Glaube an den einen Gott im Mittelpunkt. Im Anrufen seiner höheren Macht bitten wir um seinen Segen.

Die Bitte um Segen kommt aus dem Wissen um unsere Begrenztheit und aus dem Glauben an die eine höhere Macht.

Viele Redewendungen tragen dem Rechnung: „**Da kann man nur noch beten!**" „**Auf hoher See und vor Gericht sind wir in Gottes Hand!**" Der geläufige Spruch „**Hilf dir selbst, so hilft dir Gott!**" fordert uns auf, zur Bewältigung unseres Lebens zuerst das zu tun, was wir selbst leisten können. Das war auch schon in der Antike bekannt. Die alten Griechen in Athen riefen ihre Schutzpatronin an: „**Mit Athena und bewege deine Hände!**" Neben dem Beten um Hilfe in der Not sollen wir auch die eigenen Hände benutzen und das uns Mögliche dazu beitragen. Ein Sprichwort aus dem arabischen Raum lautet: „**Sich regen bringt Segen.**" Wir können das auch bewusst tun und unser Anliegen in Gottes Hände legen.

(AG) Als Cellerar war es mir ganz wichtig, um Gottes Segen zu beten für alles, was ich tat und entschied. Ob meine Entscheidungen richtig waren und ob sie Segen brachten oder nicht, hing nicht allein von meinem Denken ab. Ich musste die Entscheidungen nach bestem Wissen und Gewissen treffen. Doch ob sie Segen brachten, konnte ich nicht garantieren.

Es ist entlastend, alles, was wir tun, unter den Segen Gottes zu stellen. Ich kenne viele Menschen, die am Abend nicht abschalten können. Sie denken ständig darüber nach: War meine Entscheidung richtig? Habe ich im Gespräch richtig reagiert? Habe ich dem Mitarbeiter gegenüber richtig gehandelt? Sie grübeln über das Vergangene und rauben sich damit viel Energie. Sie können den Tag nicht loslassen. Da ist es eine gute Übung: Ich öffne meine Hände zur Schale und halte meinen Tag, so wie er war, Gott hin. Und ich vertraue darauf, dass Gott alles in Segen verwandeln kann. Er kann auch ein nicht so optimal verlaufenes Gespräch zum Segen werden lassen. Er kann sogar meine unbeherrschte Reaktion auf meine Kinder zum Segen werden lassen. Wenn ich meinen Tag Gott hinhalte, damit er alles zum Segen werden lässt, dann kann ich den Tag ganz loslassen. Dann gehe ich mit neuer Hoffnung in den neuen Tag. Ich bleibe nicht in der Vergangenheit hängen. Die Vergangenheit kann ich sowieso nicht verändern. Aber ich kann darum bitten, dass Gott das Vergangene in Segen verwandelt.

(FA) Wozu dient der Segen Gottes? Er geht über das hinaus, was man mit Geld kaufen kann: Man kann sich ein Haus kaufen, aber nicht das Gefühl, zu Hause zu sein. Man kann sich ein Bett kaufen, aber keinen ruhigen Schlaf; Tabletten, aber keine Gesundheit; Sex, aber keine Liebe; Follower in den sozialen Netzwerken, aber keine Freunde.

Segen ist nicht käuflich.
Segen ist ein Geschenk und eine Gnade, die uns widerfährt.

Mit der Bitte um Segen in Form eines Gebetes oder eines Rituals wollen wir mithilfe der angerufenen Macht Glück und Gelingen erlangen oder Schutz und Sicherheit finden. Wir benutzen dabei Worte, oft althergebrachte Formulierungen, Zeichen und Gesten. Im Christentum ist das Kreuzzeichen sehr bekannt und verbreitet, das mit dem Daumen auf die Stirn oder mit der Hand in die Luft gezeichnet wird – manchmal auch mit Handauflegung verbunden.

Für viele wiederkehrende Gelegenheiten gibt es in der katholischen Kirche feste Formen, um den Segen Gottes zu erbitten. Es gibt beispielsweise den Blasiussegen zum Schutz gegen Halskrankheiten. Eine besondere Form ist der apostolische Segen, wie der päpstliche Segen „urbi et orbi", der an Ostern der ganzen Welt zuteilwird. Am Ende jeden Gottesdienstes segnet der Priester die Gläubigen mit einer festen Segensformel. Es gibt die Krankensegnung, den Muttersegen, die Aussegnung von Verstorbenen und vieles mehr.

Eine Ordensschwester erzählte mir, dass sie jedem Besucher und jedem Gesprächspartner anbiete, ihn beim Gehen zu segnen, meist mit einem Kreuzzeichen auf die Stirn. In mehr als 30 Jahren ihrer Ordenszugehörigkeit habe noch kein Einziger das abgelehnt.

(AG) Viele Eltern segnen ihre Kinder, wenn sie aus dem Haus gehen. Sie legen ihre Hand auf den Kopf des Kindes und machen mit dem Daumen ein Kreuzzeichen auf die Stirn. Das gibt dem Kind das Gefühl, dass es behütet in den Tag geht. Der Segen bedeutet Schutz und zugleich Zuwendung und Liebe. Eine Frau erzählte mir, sie fühle noch heute die schwere und warme Hand ihres Vaters auf ihrem Kopf. Das gebe ihr das Gefühl von Liebe und Stärke und Schutz. Eine Kindergärtnerin berichtete, dass sie oft darüber erschrecke, wie viele Kinder ungesegnet in den Kindergarten gehen. Sie bekommen zu Hause zum Abschied kein Kreuzzeichen auf die Stirn, ihnen werden keine guten Worte (Segensworte) gesagt, sondern eher Fluchworte wie: „Mach endlich schneller. Jeden Morgen bringst du die ganze Familie durcheinander. Du bist immer zu spät dran." Wenn ein Kind solche Fluchworte hört, wird es sein Herz verschließen. Und dann werden auch die guten Worte der Erzieherin nicht in sein Herz eindringen können.

In der christlichen Tradition gibt es viele Weisen, um den Segen zu erbitten. Da gibt es vor Christi Himmelfahrt die Bittgottesdienste, verbunden mit einem Flurgang. Man geht in die Natur hinaus und singt gemeinsam die Allerheiligenlitanei. Man erfleht den Segen über die Fluren. Landwirte sind heute noch davon überzeugt, dass sie nicht allein aus eigener Kraft eine gute Ernte erreichen können, sondern dass alles vom Segen Gottes abhängt. Die Tradition der Bittgottesdienste zeigt, dass man den Segen Gottes für den konkreten Alltag und für die Arbeit und den Beruf erfleht. Denn wir können uns noch so sehr anstrengen, ob unser Tun Segen bringt, hängt nicht allein von uns ab. Dieses Vertrauen, dass Gott das Werk unserer Hände segnet, ermutigte schon früher die Menschen und entlastete sie von dem Druck, dass alles von ihnen selbst abhängen müsste. Daher könnte es auch für uns heute ein guter Weg sein, uns und unser Tun dem Segen Gottes anzuvertrauen.

Eine andere Weise, den Segen zu erflehen, wird in Wallfahrten sichtbar. Man macht sich auf den Weg, weg von zu Hause. Schon dieses Pilgern ist heilsam für den Menschen. Er spürt, dass er als Mensch immer auf dem Weg ist, auf eine letzte Heimat hin. Novalis drückt das so aus: **„Wohin denn gehen wir? Immer nach Hause."** Man betet unterwegs und wenn man am Wallfahrtsort angekommen ist, betet man vor allem für die Anliegen, für die man sich auf den Weg gemacht hat. Man betet um den Segen für kranke Menschen, um den Segen für den guten Weg der Kinder, um den Segen für eine Prüfung und um Segen für die Familie oder für die Gemeinde. Sich gemeinsam auf den Weg zu machen und gemeinsam zu beten, stärkt das Vertrauen auf Gottes Segen. Man ist nicht der Erste, der sich auf den Weg zu diesem Wallfahrtsort gemacht hat. Man reiht sich ein in die große Schar Menschen, die oft schon seit Jahrhunderten zu diesem Ort gepilgert sind, um ihre Anliegen Gott vorzutragen. Dieses Gefühl, an der Glaubenskraft und Lebenskraft der Vorfahren teilzuhaben und mit deren Wurzeln in Berührung zu kommen, tut Pilgern bis heute gut. Sie haben den Eindruck, dass sie nicht allein stehen mit ihren Sorgen. Die lange Reihe von Betern, denen sie sich angeschlossen haben, steht gleichsam hinter ihnen und stärkt ihnen den Rücken. Sie fühlen sich gehalten und getragen von denen, die hier an diesem Ort Segen erfahren haben. Das stärkt ihr Vertrauen, dass auch ihr Leben vom Segen Gottes durchdrungen wird.

(FA) Mit all den Möglichkeiten schwingen auch die Fragen mit: Wer darf um Gottes Segen bitten und wofür beziehungsweise worum dürfen wir bitten? Darf der Vorstand einer Finanzvertriebsgesellschaft mit seinen Führungskräften für gute Umsätze beten? Darf ein Unternehmer um hohe Gewinne bitten?

Im Ersten Weltkrieg wurden Kanonen und Soldaten gesegnet mit der Rechtfertigung, wir seien die Guten und deswegen dürften wir Gott um Unterstützung bitten. Ist das eine Gotteslästerung, wenn Priester Kanonen segnen, und ein Verstoß gegen das zweite Gebot? **„Du sollst den Namen des Herrn, deines Gottes, nicht missbrauchen; denn der Herr lässt den nicht ungestraft, der seinen Namen missbraucht.“**[6]

Im Mittelalter gab es die „benedictio armorum“, eine Waffensegnung. Die Waffen des jungen Kriegers wurden gesegnet und ihm ausgehändigt. Der Krieger oder Ritter wurde dabei verpflichtet,

[6] 2. Mose 20:7

mit seinen Waffen die Gerechtigkeit zu schützen, die Ordnung zu wahren und für Werte einzusetzen. Der Segen wurde also dem Menschen mitsamt Kriegsgerät zu diesem guten Zweck erteilt.

(AG) Mit der Waffensegnung tun wir uns heute schwer und wir sprechen nur ungern vom „gerechten Krieg". Wenn man die mittelalterliche Tradition ernst nimmt, dann hätte die Waffensegnung nur dann einen Sinn, wenn man um den Sieg der Gerechtigkeit betet. Bei der Bekämpfung des Terrors kann man sich solchen Segen durchaus vorstellen. Er vermittelt den Soldaten das Gefühl, dass sie für eine gerechte Sache kämpfen und dadurch Menschen vor Leid und Tod bewahren, dass sie in dieser Welt, in der das Böse immer mehr um sich greifen möchte, einen Ort der Sicherheit und der Gerechtigkeit schaffen.

(FA) Beim Beten um den Segen für einen kranken Menschen wünschen wir ihm Heilung und Genesung. Dazu gibt es immer wieder Studien, die die Wirksamkeit des Betens für jemanden belegen. Beispielsweise stellte der US-Kardiologe Mitchell Krucoff an der Duke University in Durham, North Carolina fest: **„Patienten, für die Fürbitten gehalten wurden, geht es deutlich besser als jenen, für die nicht gebetet wurde."**[7]

(AG) Wir dürfen darauf vertrauen, dass das Gebet für kranke Menschen hilft. Es gibt denen, die für den Kranken beten, neue Hoffnung. Und wenn sie mit dieser Hoffnung dem Kranken begegnen, dann tut das auch dem Kranken gut. Wenn sich der Kranke vom Gebet anderer getragen fühlt, stärkt es seine eigenen Abwehrkräfte. Neben diesen psychologischen Gründen für die

[7] www.welt.de/print-welt/article676937/Koennen-Gebete-heilen.html (aufgerufen am 15.03.2017)

Wirksamkeit des Gebets um Segen können wir durchaus auch physikalische Erklärungen heranziehen. Quantenphysiker haben erkannt, dass Gedanken die Materie beeinflussen. So können wir uns vorstellen, dass das Gebet um Segen sich bis in den Leib der Menschen hinein auswirken kann. Aber ein Gebet ist keine Garantie, dass jemand unbedingt gesund wird. Es bleibt immer ein Wunder, wenn Heilung geschieht. Und wir können dieses Wunder nicht erzwingen, sondern nur darauf hoffen.

(FA) Vielleicht kennen Sie das aus Ihrer eigenen Erfahrung, dass Gebete segensreich gewirkt haben, im Einzelfall und ohne statistisch-wissenschaftliche Relevanz. Wenn es Ihnen persönlich konkret geholfen hat, brauchen Sie aber keine wissenschaftlichen Beweise dafür. Als ich mein Abitur schrieb, zündete meine Mutter immer zu Hause eine geweihte Kerze an. Ich war ein schlechter Schüler, habe aber das Abitur geschafft. Als ich mich vor einigen Jahren einer schwierigen OP unterziehen musste, betete eine befreundete Ordensschwester mit ihren Mitschwestern für mich. Die OP verlief sehr gut.

Jeder, der Hilfe für sich oder für andere sucht,
darf und sollte um Segen bitten.
Jeder darf andere segnen.

Ich zünde jeden Morgen beim Meditieren zwei kleine Kerzen an als Verbindung zu Menschen, die mir wichtig sind und denen ich damit helfen will. Für einen Freund, der einen schweren Unfall hatte und im Krankenhaus liegt. Für einen kürzlich verstorbenen Mönch, den ich sehr geschätzt habe. Sechs Wochen lang dachte ich jeden Morgen an ihn und wünschte ihm alles Gute auf seinem Weg in die andere Welt. Es gibt viele Anlässe, zu denen Segenswünsche angemessen sind.

Eine Einladung

(FA) Überlegen Sie, wer in Ihrem Bekanntenkreis in einer schwierigen Situation ist.

Planen Sie in Ihren Tagesablauf – am besten morgens oder abends – ein Bittgebet für Ihren Bekannten ein.

Sie können ihm auch einfach Wohlwollen und liebevolle Gedanken senden.

Gutes sagen, Gutes wünschen

(FA) Auf Lateinisch heißt segnen „benedicere", wörtlich übersetzt „Gutes sagen". Damit ist eine wohlwollende innere Haltung gemeint, in Bezug auf Menschen wie auch auf Vorhaben. Wenn wir segnen, dann sagen oder wünschen wir jemandem konkret oder allgemein etwas Gutes, wir bekräftigen das potenziell Gute durch unsere Worte und Gesten. Wir glauben und machen die Erfahrung, dass es sich dadurch schneller und besser realisiert. Wir rufen es quasi herbei.

Segnen heißt Gutes sagen und Gutes wünschen.

Viele Segenswünsche sind in die Umgangssprache eingegangen. Ohne dass es uns ständig bewusst ist, formulieren wir einen Segen. Wir wünschen anderen: **Gute Reise! Gute Fahrt! Gute Besserung! Guten Tag! Gutes Gelingen!; Alles Gute zum Geburtstag!** Jäger begrüßen sich mit **„Waidmannsheil!";** Skifahrer mit **„Ski Heil!"**; Angler mit **„Petri Heil!"** und Bergsteiger mit **„Berg Heil!"**. Im Kinderlied „Alle Vögel sind schon da" singen wir in der zweiten Strophe: **„... wünschen Dir ein frohes Jahr, lauter Heil und Segen"**.

Das sind im Grunde alles Segnungen, die eine Wirkung haben, und das umso mehr, je bewusster und ehrlicher wir das meinen und sagen. Ein Segen, der ernst gemeint ist und von Herzen kommt, ist ein besonderer Moment im Kontakt zu anderen. Das erfordert Achtsamkeit.

Worte und feste Redewendungen, um anderen Gutes zu wünschen, kennen alle Kulturen. Im indischen Kulturraum ist das **„Namaste"** allgegenwärtig und wird, verbunden mit dem Zusammenlegen der Handflächen vor der Brust und einer Verbeugung, ausgesprochen. Im Christentum kennen wir diese Gebärde als Kniebeuge, wir praktizieren sie in der Kirche vor dem Altar. Das „Namaste“ entspricht dem als eine tiefreligiöse Art zu segnen, indem Bezug genommen wird auf den heiligen göttlichen Raum im Menschen. „Namaste“ heißt: **„Das Göttliche in mir grüßt und verehrt das Göttliche in dir.“**

Im arabischen Raum hören wir überall **„Salam“** – Frieden, Gesundheit und Heil. **„Salam alaikum“** heißt: „Friede sei mit euch!“ Juden benutzen seit alters das **„Shalom“** mit der gleichen Bedeutung wie „Salam“. In Deutschland wünschen wir **„Guten Tag!“** oder fordern auf: **„Grüß Gott!“**. Ein **„Friede sei mit dir!“** hören wir nur im Gottesdienst. Schade!

Die Worte Heilung, heilen, heilig, Heiland haben den gleichen Wortstamm **„heil“**. In Deutschland ist das Wort in der Nazizeit leider sehr missbraucht worden, was uns jedoch nicht davon abhalten sollte, zu der tiefen und ursprünglichen Bedeutung von „Heil“ zurückzukehren. Die Redewendung **„Heil und Segen“** zeigt den engen Zusammenhang:

Alles, was gesegnet ist, trägt zu unserem Heil bei.
Und alles, was zu unserem Heil beträgt, ist gesegnet.

„Heil werden“, „geheilt werden“, „Heilung erfahren“, diese Redewendungen meinen, dass wir wieder ganz werden, dass das Getrennte wieder zurück an seinen Platz findet, dass sich Gesundheit und Unversehrtheit, Gelingen und in religiöser Bedeutung auch Erlösung ereignen.

(AG) Heil und Heilung gehören zusammen. Wenn wir vom Heil sprechen, gehen wir davon aus, dass in unserer Welt nicht alles heil ist, nicht alles so ist, wie es sein sollte. Das Leben ist beschädigt und verwundet. Es liegt in Trümmern. Es ist nicht ganz. In der Sehnsucht nach Heil sehnen wir uns danach, dass alles, was getrennt ist, wieder zusammenkommt; was zertrümmert ist, wieder erneuert wird, und was zerbrochen ist, wieder ganz wird.

Wir sprechen von der Heilung der Wunden. Aber im christlichen Bereich beziehen wir Heil nicht nur auf die körperliche Genesung, sondern immer auch auf das Seelenheil. Wenn die Seele heil und gesund ist, kann sie auch gut mit den Gebrechen des Leibes umgehen. Der Name Jesus bedeutet: **„Jahwe schafft Heil."** Wir sagen, dass Jesus uns das Heil schenkt. In ihm wirkt Gott, damit wir, die wir uns unserem Wesen entfremdet haben, wieder zu uns zurückfinden und so heil und ganz werden.

„Segen" und „segnen" (Hebräisch: ba-rakh) sind zentrale Leitworte im Alten Testament. Ihre Grundbedeutung lautet: Gutes wünschen, mit heilvoller Kraft versehen, schenken. Segen ist die freundliche Zuwendung zu einem Gegenüber. Der Gegensatz des Segens ist der Fluch. Der Segen stärkt die Gemeinschaft, der Fluch schließt aus der Gemeinschaft aus.

Segen und Fluch sind eine Verstärkung von Gebet und Wunsch durch den Glauben, dass das, was gesagt wird, auch bewirkt wird.

Die Kraft des Segens zeigt sich als Fruchtbarkeit, Wachstum und Gedeihen beim Menschen und in der Natur. Der Mensch reagiert auf den erfahrenen Segen mit dem Lob Gottes. „Barakh" kann daher auch loben bedeuten. Im Deutschen können wir nicht sagen, wir segnen Gott, doch im

Hebräischen können wir „barakh“ wie auch im Griechischen und Lateinischen die Übersetzungen „eulogein“ (gut reden; gute Worte sagen) oder „benedicere“ (gut sprechen) auch für das Loben Gottes durch den Menschen verwenden.

Der Epheserbrief nennt Jesus selbst den Gesegneten, der uns mit **„allem Segen seines Geistes gesegnet“**[8] hat. Petrus spricht davon, dass Gott Jesus auferweckt hat, **„damit er euch segnet“**[9]. Und Lukas schließt sein Evangelium mit dem großen Segen: **„Jesus erhob seine Hände und segnete sie. Und während er sie segnete, verließ er sie und wurde zum Himmel emporgehoben.“**[10] Der Segen bewirkte bei den Jüngern, dass sie voller Freude heimkehrten.

Während seines Lebens segnete Jesus auch die Kinder. Markus beschreibt uns diesen Segen mit drei Schritten: Jesus **„nahm die Kinder in seine Arme; dann legte er ihnen die Hände auf und segnete sie“**[11]. Der Segen Jesu war hier eine Umarmung. Sie hüllte die Kinder ein wie ein schützender und wärmender Mantel. Das ist einmal ein Bild für den Schutz. Segen ist also immer auch Behütetsein und Geschütztsein. Dann legte Jesus den Kindern die Hände auf. Diese Handauflegung bedeutete, dass Gottes heilender und stärkender Geist in die Kinder einströmte. Segen ist immer auch Durchdrungenwerden von der göttlichen Kraft. Im dritten Schritt segnete Jesus die Kinder, er sprach gute Worte zu ihnen. Nach solch guten Worten sehnen sich auch heute die Kinder, und wenn Eltern ihre Kinder segnen, wenn sie aus dem Haus gehen, tut ihnen das gut.

---

[8] Epheser 1:3

[9] Apostelgeschichte 3:26

[10] Lukas 24:50 f.

[11] Markus 10:16

(FA) Tischgebete sind eine alte Tradition des Segnens, z. B. **„Herr, segne diese Gaben …"**. Meine Großmutter, die ihr Brot noch selbst in einem alten Steinbackofen gebacken hat, machte immer drei Kreuzzeichen auf den Brotlaib, bevor sie ihn aufschnitt. Wir verändern mit einem Segen die Speisen, was die Experimente von Masaru Emoto belegen (vgl. S. 75 f.), aber auch unsere innere Haltung und damit die Fähigkeit, Nahrungsmittel gut zu verdauen.

Die heutige Nahrungsformel „billig – schnell – satt" ist nicht segensreich. Wir stopfen gedankenlos denaturierte Lebensmittel in uns hinein. Viele Erkrankungen lassen sich nicht nur auf falsche Ernährung zurückführen, sondern auch auf unsere innere Haltung beim Essen und gegenüber der Nahrung. In buddhistischen Klöstern wird beim Essen geschwiegen, um nicht durch Gespräche abgelenkt zu sein und so die ganze Aufmerksamkeit auf das Essen richten zu können. In meinen Führungsseminaren habe ich das ebenso eingeführt, auch als Training der Achtsamkeit. Für viele Kursteilnehmer ist das eine sehr schöne Erfahrung, für einige wenige, die Stille nicht gut aushalten können, sehr schwer.

Unserem Heil und unserer Heilung dient das, was gesegnet ist.

Massentierhaltung, industrielle Verarbeitung von Nahrungsmitteln und andere Fehlentwicklungen zerstören den Segen, der auf der Natur und auf der ganzen Schöpfung liegt. Die Natur ist aus sich heraus gut und sie tut uns gut, wenn wir mit ihr in Verbindung treten – beim Essen und genauso, wenn wir uns in ihr aufhalten.

(AG) Im Kloster essen wir schweigend. Vor dem Essen wird der Segen Gottes über die Gaben herab gefleht. Und während des schweigenden Essens liest der Tischleser aus der Bibel und aus anderen spirituellen Büchern vor. Dadurch bekommt das Essen einen anderen Charakter. Wir schmecken bewusst, was wir essen. Und wir hören gute Worte, Segensworte. Dadurch kommt zum Ausdruck, dass nicht nur die Speisen uns nähren, sondern auch Worte. Jesus selbst sagt Ja, dass der Mensch nicht nur vom Brot lebt, **„sondern von jedem Wort, das aus Gottes Mund kommt“**[12].

Dass der Segen über die Speisen uns guttut, soll eine kleine Geschichte zeigen: Unser früherer Abt Fidelis war einmal in Afrika bei den Massai beim Mittagessen zu Gast. Als er das Fleisch erblickte, wurde ihm fast schlecht, so eklig sah es aus. Er überlegte erst, ob er es ablehnen solle oder entsorgen könne. Doch beides ging nicht, es hätte gegen die Gastfreundschaft verstoßen. So sprach er still ein Segensgebet über das Fleisch und es bekam ihm. Manchmal wäre es besser, die Speisen zu segnen, als eine chemische Analyse zu machen und sich den Kopf darüber zu zerbrechen, ob sie gesund seien oder irgendwelchen Organen schaden könnten.

[12] Matthäus 4:4

Eine Einladung

(FA) Wenn Sie einem anderen etwas Gutes sagen oder wünschen, dann lade ich Sie ein, das sehr bewusst zu tun und es zu verstärken durch Sammlung und Bewusstheit.

Sie können:

- *kurz innehalten, bevor Sie den Segenswunsch aussprechen,*
- *sich mit Ihrem Herzen verbinden,*
- *den anderen Menschen liebevoll anschauen,*
- *langsam und bewusst sprechen,*
- *nach Ihren Worten eine kurze Pause machen und den Blick halten.*
- *Beobachten Sie dabei und danach, wie es Ihnen und dem Gesegneten geht.*

Andere segnen

(FA) In seinem Buch „Segnen heilt: Wie dein Segen die Welt verändert und dich selbst“ beschreibt Pierre Pradervand, wie er seinen Job verloren hat und voller Groll gegen seinen Chef war. In seiner Verzweiflung segnete er seinen Chef und erlebte danach ein Wunder. Sein Hass löste sich auf, er sah wieder klar und sein Leben nahm eine positive Wende. Er hat entdeckt, dass sich durch Segnen eines anderen das eigene Bewusstsein verändert. Er konzentrierte sich im Segnen auf das universell Gute und auf die Liebe nicht nur zu dem Gesegneten, sondern auch zu sich selbst.

Durch den Akt des Segnens laden wir potenziell Gutes ein, sich in der sichtbaren Welt zu manifestieren.

Wir machen aus dem Möglichen etwas real und konkret Positives, wir schaffen eine gute neue Wirklichkeit. Wir richten uns innerlich positiv aus, wenn wir anderen unabhängig von Aussehen oder Verhalten aus tiefstem Herzen **„Alles Gute!“** wünschen. Das mag im ersten Moment nicht so ganz einfach sein, vor allem, wenn wir gerade voller Wut und Ärger sind. Oft müssen wir dann erst unseren inneren Widerstand überwinden. In dem Moment, wenn wir mit unseren Gedanken zum möglichen Guten wechseln, dieses Gute dem anderen wünschen – und diesen Gedanken wiederholen und vertiefen, am besten auch aussprechen –, beginnt die Veränderung in uns selbst und in der Welt.

Durch den Akt des Segnens unterbrechen wir den Teufelskreis der ständigen Bewertungen und Abwertungen und lösen damit auch unsere Selbstblockade. Wir lösen uns von Problemen, von

Ärger, Wut und anderen destruktiven, unheilsamen Denk- und Glaubensmustern in dem Augenblick, in dem wir anderen Gutes sagen und Gutes wünschen. Psychologen wissen: Alles, was wir mit Aufmerksamkeit anfüllen, wird groß. Wenn wir uns auf unseren Ärger oder unsere Wut ausrichten, werden diese in unserem Bewusstsein wachsen, genauso werden umgekehrt auch Liebe und Wohlwollen wachsen, wenn wir uns darauf ausrichten. Mit der Veränderung der Blickrichtung ändern wir auch den Energiefluss. Das entspricht dem allgemeinen Grundsatz, dass Energie immer der Aufmerksamkeit folgt – im Positiven wie im Negativen.

(AG) Jesus konkretisiert die Feindesliebe im Lukasevangelium mit den Worten: **„Segnet die, die euch verfluchen.“**[13] Bei Segenskursen lade ich die Teilnehmer ein, sich zu überlegen, wer sie in der letzten Zeit verletzt hat oder mit wem sie Schwierigkeiten haben. Diesen Menschen sollen sie dann 15 Minuten lang segnen, entweder in der Stille mit inneren Worten oder aber mit der Segensgebärde. Sie sollen die Hände zum Segen erheben und sich vorstellen, wie Gottes Segen zu diesem Menschen strömt.

Eine Frau meinte, das könne sie unmöglich, denn der betreffende Mensch habe sie zu tief verletzt. Ich sagte ihr, sie müsse es nicht können, aber sie solle es probieren. Als sie es tat, machte sie eine heilsame Erfahrung. Sie sagte anschließend: „Der Segen war für mich wie ein Schutzschild, sodass der andere mich nicht mehr verletzen konnte. Und ich bin im Segnen ausgestiegen aus meiner Opferrolle. Ich habe mich aufgerichtet und aktiv eine gute Energie zu diesem Menschen geschickt. Das hat mir gutgetan. Ich kann diesem Menschen jetzt anders begegnen.“ Wir schicken

[13] Lukas 6:28

mit Gottes Segen auch unser Wohlwollen zum anderen. Wir wünschen dem anderen, dass er vom Segen Gottes durchdrungen wird und so in Einklang mit sich selbst kommt.

Manche meinen, die Anweisung, den zu segnen, der einen verflucht, sei eine Überforderung. Aber wenn wir es ausprobieren, werden wir merken, wie viel Weisheit in diesem Wort Jesu steckt. Heutige Psychologen haben immer wieder festgestellt, dass das Segnen gerade der Menschen, mit denen wir Schwierigkeiten haben, unsere Beziehung zu ihnen verändert und oft genug auch den anderen innerlich verwandelt. Wir segnen den anderen nicht, damit er sich ändert, sondern wir segnen ihn, damit er ganz er selbst wird, frei wird von seinen eigenen selbstverletzenden Lebensmustern. Wir wünschen ihm im Segen alles Gute, auf dass er der einmalige Mensch wird, der er von Gott her ist. Wenn er ganz er selbst ist, können wir mit ihm auf neue Weise umgehen. So wird der Segen für ihn auch für uns zum Segen.

(FA) In sogenannten Familienaufstellungen wie auch in System- und Organisationsaufstellungen spielen Segen und Segnen häufig eine wichtige Rolle. Menschen finden deshalb nicht zum Erfolg oder zu ihrem Lebensglück, weil ein Segen fehlt. Für den beruflichen Erfolg ist oft der Segen der Eltern sehr wichtig. In einer Aufstellung wird sichtbar, dass Menschen für das Gelingen ihres Lebens oder bestimmter Vorhaben den Segen ihrer Vorfahren oder bestimmter Personen **brauchen**. Das kann dann in symbolischer Form während der Aufstellung vollzogen werden und ist oft sehr bewegend.

Genauso wichtig ist es, Segen anzunehmen, auch wenn das schwer sein kann. Wenn sich die Nachkommen ihren Vorfahren gegenüber als etwas Besseres fühlen oder sie verachten, fehlt deren Segen. Es ist ein falscher Stolz, wenn Menschen glauben: Das schaffe ich alleine! Sie erheben sich damit über andere, meist über die, die ihnen vorausgegangen sind, ohne deren Leben und Leistung zu würdigen. Sie werten sie durch eigene Überheblichkeit ab. Wenn wir um den Segen bitten, z. B. von den Eltern, gestehen wir uns ein, dass wir es nicht aus eigenem Vermögen schaffen und wir deren Hilfe brauchen. Wenn jemand in einem Aufstellungsprozess diesen Schritt macht, den Segen der Eltern zu erbitten, und wenn dies dann als Segensakt vollzogen wird, sieht man in den Gesichtern der Beteiligten oft deutliche Entspannung und inneren Frieden.

Segnen ist kein Privileg der Priester und auch nicht begrenzt auf bestimmte Orte und Anlässe. Wir brauchen keine speziellen Formeln und Rituale, es können spontane einfache Sätze sein, die wir aussprechen oder still formulieren. Wir können um den Segen Gottes, Marias oder anderer geistiger Kräfte bitten wie um den Segen von Heiligen oder auch von Verstorbenen, die wir schätzen. Dies geschieht aus dem Wissen um die eigenen Begrenzungen.

Wir können immer und überall alles und jeden segnen.

Im 4. Buch Mose, im Alten Testament, gibt Gott Hinweise dazu, wie wir segnen sollen: **„Der Herr sprach zu Mose: Sag zu Aaron und seinen Söhnen: So sollt ihr die Israeliten segnen; sprecht zu ihnen: Der Herr segne dich und behüte dich.“**[14] Der Segen kommt also nicht von uns, sondern durch uns. Wir haben dazu Vollmacht.

[14] 4. Mose 6,22-24

Das gilt insbesondere, wenn z. B. Eltern ihre Kinder segnen. Immer richten wir uns beim Segnen geistig auf das erwünschte Gute aus, das wir dem anderen wünschen. Wir erschaffen im Kopf eine bessere, liebevolle Welt und das sollten wir so oft wie möglich tun. Dem wird die reale Welt nicht zwingend folgen, wir erhöhen aber die Wahrscheinlichkeit, dass es sich verwirklicht.

Interessanterweise hat die Quantenphysik bei der Beobachtung kleinster Teilchen herausgefunden, dass es keine zwingenden Kausalzusammenhänge zwischen den Ereignissen im subatomaren Bereich gibt (im Sinne von Ursache und Wirkung, wie in der alten Physik). Dort treffen wir auf Wahrscheinlichkeiten, die keine sicheren Vorhersagen ermöglichen. Analog dazu wird auch ein Segen oder ein Segenswunsch, den wir aussprechen, nicht zwangsläufig so in die Erfüllung gehen, wie wir ihn formuliert haben. Die Erfahrungen vieler Menschen mit Gebetserhörungen belegen aber, dass die Wahrscheinlichkeit des Gelingens steigt.

Wir sollten also jeden Tag nutzen, um Ereignisse und Menschen zu segnen. Es gibt viele Anlässe: schwierige Situationen oder Menschen, aber auch Menschen, die uns Gutes getan haben, dann unser Essen, unsere Kinder, unsere Arbeit, jeden Tag – jeden Morgen und jeden Abend. Der ganze Tag bietet Gelegenheiten, uns und andere auf das Gute auszurichten. Unser Segenswunsch kann sich auf das Kommende richten, aber auch auf das Vergangene. Wir können segnen, damit etwas gelingen möge, aber auch, dass ein Geschehen, das man selbst nicht mehr ändern kann, sich zum Guten entwickelt.

Ereignisse können wir nicht mehr ändern,
aber deren Wirkung und Folgen.

Misslingen, Versagen, Enttäuschung und so weiter, mit den dazugehörenden Gefühlen wie Wut, Verzweiflung oder Angst, sind eine natürliche Begleiterscheinung unseres Lebens. Wir können diese destruktiven, unerwünschten Ereignisse und Gefühle als Anlass nehmen, innezuhalten und nachzudenken: Was ist wirklich passiert? Gegen wen richtet sich unser Groll? Wenn wir das Geschehen, z. B. Worte oder Entscheidungen, zunächst als ein Ereignis betrachten, haben wir den ersten Schritt in die richtige Richtung getan, wir sagen: „Das ist passiert." Dann betrachten wir dazu unsere Bewertung dieses Ereignisses, beispielsweise: „Mir geschieht Unrecht." Im zweiten Schritt benennen wir unsere Gefühle, etwa „ich bin enttäuscht" oder „ich bin wütend." Gefühle sind eine natürliche Reaktion auf das Ereignis und dürfen da sein, aber nicht für immer und ewig. Negative Gefühle schaden dem Subjekt, mehr als dem Objekt. Der Hassende leidet mehr als der, der von ihm gehasst wird. An diesem Punkt können wir uns bewusst gegen innere Hass-Tendenzen entscheiden und die betreffende „böse" Situation bzw. den betreffenden „bösen" Menschen segnen.

Geeignete Segenssätze:

- *„Ich sehe das Schlimme, das du mir angetan hast. Ich verzichte darauf, mich an dir zu rächen und dich zu verdammen. Möge die Liebe Gottes und sein Segen dich auf deinem weiteren Weg begleiten."*
- *„Was geschehen ist, ist vorbei. Ich wünsche dir alles Gute, Gesundheit und Erfolg."*
- *„Möge Segen auf deinen Werken liegen und möge dein Weg gesegnet sein."*
- *„Danke für das Schwere, das geschehen ist. Es lehrt mich Demut. Sei gesegnet auf deinem weiteren Weg."*
- *„Ich lasse deinen Teil der Schuld und der Verantwortung bei dir und trage meinen Teil. Mögen wir daraus lernen und den verborgenen Segen finden."*
- *„Es hat mir wehgetan, was du mir gesagt hast, wie du mich behandelt hast. Aber ich lasse den Segen Gottes in dich einströmen, damit du Frieden mit dir selbst findest. Ich wünsche dir, dass du eins wirst mit dir selbst. Im Segen fühle ich mich selbst eins mit dir. Denn wir beide sind verletzt und verletzen einander. Der Segen befreit uns von diesem Mechanismus."*

Eine Einladung

(FA) Segnen Sie Menschen, die Sie verletzt oder enttäuscht haben.

Betrachten Sie die Situation so nüchtern wie möglich:

- *Was ist tatsächlich passiert?*
- *Welche Gefühle haben Sie?*
- *Welche Impulse haben Sie? Sind diese segensreich?*
- *Entscheiden Sie bewusst, aus der selbstzerstörerischen Dynamik negativer Gefühle auszusteigen und auf Rache und Vergeltung zu verzichten.*
- *Vergebung ist eine Entscheidung, die Sie jetzt treffen.*
- *Beschließen Sie das mit einem Segensritual, in dem Sie das vermeintlich „Böse" oder den „Bösen" segnen.*

Segensgesten

(FA) Das Wort Segen ist entlehnt aus dem Lateinischen, „signum“ meint „Zeichen“, „Abzeichen“, „Kennzeichen“, ab dem späten 2. Jahrhundert auch das „Kreuzzeichen“. „Signare“ bedeutet „bezeichnen“ oder „versiegeln“. In dem Wort „bezeichnen“ steckt wiederum das Wort „Zeichen“ und meint, zum Segenswort noch ein äußeres Zeichen zu setzen oder eine Handlung hinzuzufügen. Jeder christliche Gottesdienst wird mit einem Segen abgeschlossen. Das Geschehen wird mit diesem äußeren Zeichen, einem festgelegten Wortlaut, quasi versiegelt.

Ein Segenszuspruch wird durch ein äußeres Zeichen sichtbar und spürbar und mit einer Geste versiegelt.

Segen kann durch verschiedene Gesten verstärkt werden. Durch das Handauflegen treten wir in intensive körperliche Beziehung, wir geben praktisch mit den Händen etwas weiter. Wir können auch die Hände über den anderen halten, während wir Segensworte sprechen.

Die erhobenen ausgebreiteten Hände zeigen, dass wir mit den Handinnenflächen etwas abstrahlen, Licht und Liebe zu den Gesegneten fließen lassen möchten. Die aufwärtsgerichteten Fingerspitzen zeigen die Verbindung mit „oben“, mit Gott, mit geistigen Kräften, die wir auf das Gesegnete oder die Gesegneten lenken. Die Handinnenfläche ist energetisch gesehen ein besonderer Bereich, in dem sehr viele Nerven enden.

Das Kreuzzeichen ist die im Christentum am weitesten verbreitete Segensgeste, aber auch eines der ältesten religiösen Symbole. Wir finden es in vielen Kulturen als Heil- und Schutzsymbol.

Archäologische Funde mit Kreuzzeichen reichen zurück bis in die Steinzeit. Als Segensgeste können wir das Kreuz als Verbindung von oben und unten verstehen, die wir mit der Hand- oder Fingerbewegung herstellen. Wir holen mit der Abwärtsbewegung gewissermaßen „von oben" Hilfe und Unterstützung. Mit der seitlichen horizontalen Bewegung verbinden wir uns auf gleicher Ebene mit allem, was um uns herum ist, mit den Menschen und Dingen, mit den Kräften dieser Welt.

Sich „zu bekreuzigen" ist weit verbreitet. Fußballer aus südlichen christlichen Ländern bekreuzigen sich regelmäßig, wenn sie das Fußballfeld betreten. Manche Menschen machen das, wenn sie das Haus verlassen oder vor wichtigen Ereignissen. Mein Großvater bekreuzigte sich, wann immer er an einem Feldkreuz oder einer Kapelle vorbeiging. Diese Segensgeste, die wir uns selbst geben, ist Ausdruck unseres Vertrauens in Gott oder in Christus und gleichzeitig Ausdruck dafür, dass wir uns unter deren Schutz stellen wollen.

Weniger verbreitet, aber tief berührend ist es, wenn ich eine Hand auf mein Herz und die andere auf das Herz des anderen lege und so eine Verbindung von Herz zu Herz herstelle. Umarmungen, wenn wir jemanden in den Arm nehmen, sind eine äußere Berührung, die eine innere Berührung auslöst. Wir können damit auch ohne Worte ausdrücken, dass wir uns verbunden fühlen und „Gutes sagen" und „Gutes wünschen".

(AG) Schon im ersten Jahrhundert haben die Christen sich selbst mit dem Kreuz bezeichnet. Das Kreuz haben sie im Sinn des Johannesevangeliums als Vollendung der Liebe verstanden. Jesus sagt vor seinem Tod am Kreuz: **„Es gibt keine größere Liebe, als wenn einer sein Leben für seine Freunde hingibt."**[15]

[15] Johannes 15:13

Das große Kreuzzeichen geht von der Stirn bis zum Unterbauch und von der linken Schulter zur rechten Schulter. Ich lasse die Liebe Jesu, die am Kreuz in ihrer höchsten Form sichtbar wurde, in mein Denken einfließen, damit ich Gedanken des Friedens denke, damit ich liebevoll über andere denke und nicht hart und verurteilend. Ich lasse die Liebe in den Unterbauch strömen, in die Vitalität und Sexualität, sodass sie von Liebe erfüllt werden und nicht von Gier. Dann halte ich die Hand an die linke Schulter. Ich lasse die Liebe Jesu in das Unbewusste einfließen, in die oft chaotischen Bilder meiner Träume, damit alles in mir von dieser Liebe durchdrungen wird. Links ist auch die weibliche Seite: Ich lasse die Liebe Jesu in meine weibliche Seite. Jeder von uns hat eine weibliche Seite. Und sie hat immer beide Aspekte: die nährende und hegende und zärtliche, aber auch die vereinnahmende. Die Liebe soll meine weibliche Seite verwandeln. Und links ist auch das Herz, die Liebe soll mein Herz durchströmen. Dann halte ich die Hand an die rechte Schulter. Mein Bewusstsein soll von Liebe geprägt sein. Meine männliche Seite, die sowohl die anpackende, kreative und starke als auch die tyrannische Kraft in mir symbolisiert, soll ebenfalls von Liebe durchströmt werden. Und mein Handeln soll Ausdruck von Liebe sein.

In der christlichen Tradition unterstützt man den Segen auch durch geweihte Dinge. So segnen wir uns beim Betreten einer Kirche oft mit Weihwasser; früher gab es auch an den Haustüren kleine Weihwasserbecken. Es ist ein Schwellenritual: Ich reinige mich beim Hineingehen in eine Kirche oder ein Haus von aller emotionalen Verschmutzung, von negativen Gedanken und Gefühlen. Und beim Hinausgehen schütze ich mich, damit die negativen Gefühle meiner Umwelt nicht von außen in mich eindringen können.

Weihwasser wird aber auch zum Segnen von Gegenständen benutzt. Wenn die Kerzen an Mariä Lichtmess gesegnet werden, wenn die Kräuter an Mariä Himmelfahrt gesegnet werden, beim Haussegen, beim Weinsegen, beim Segnen der Ringe – immer segnet der Priester zuerst, indem er mit den Händen das Kreuz über die Gegenstände zeichnet und dann besprengt er sie mit dem Weihwasser.

Beim Wettersegen segnet der Priester – so ist es im Ritus vorgesehen – mit einem Kreuz, in dem ein Partikel vom Kreuz Jesu aufbewahrt ist. Das soll dem Segen eine besondere Kraft verleihen. Der Wettersegen war früher für die Landwirte von zentraler Bedeutung; vom Wetter hing das Gelingen der Ernte ab. Und so drückte man seine Abhängigkeit von Gott, aber zugleich sein Vertrauen in Gott durch den Wettersegen aus.

Eine beliebte Form des Segens ist die Segnung mit Öl. Der Altar wird bei seiner Weihe mit Öl gesalbt, der Täufling und der Firmling werden mit Öl gesalbt. Oft mache ich ein Segensritual mit einem Balsam bei Führungskursen. Alle Teilnehmer halten ihre Hände in Form der Schale vor sich hin. Sie betrachten dabei, was sie mit ihren Händen schon gehandelt, angepackt, auf den Weg gebracht, gestaltet und geschaffen haben. Dann gehe ich reihum, tauche meinen Ringfinger in den Balsam und mache ein Kreuzzeichen in beide Hände. Dabei spreche ich bei der einen Hand: **„Gott segne deine Hände, dass von deinen Händen Segen ausgeht“** und bei der anderen: **„Gott segne deine Hände, dass sie gut führen können“.** Der Segen ist dann nicht nur ein Wort, sondern er wird spürbar durch die Berührung. Und er kann auch gerochen werden. So geht er in alle Sinne ein.

In der christlichen Tradition gibt es drei Segensgesten: Die erste ist das Kreuzzeichen, mit dem man sich selbst bezeichnet und mit dem man die Menschen bezeichnet oder auch Gegenstände. Die zweite Gebärde besteht in der Erhebung der Hände. Ich halte die Hände über dem Kopf, sodass die Handflächen nach vorne weisen. In dieser Gebärde kann ich mir dann vorstellen, dass der Segen Gottes durch meine Hände zu den Menschen strömt. Und ich kann diese Gebärde mit Segensworten verbinden. Diese Segensgeste ist am Ende des Gottesdienstes vorgesehen. Sie wird sowohl von katholischen Priestern als auch von evangelischen Pfarrern so gehandhabt. Aber natürlich kann jeder Mensch diese Gebärde praktizieren. Es ist ein gutes Morgenritual, um den Segen in den neuen Tag strömen zu lassen. Ich kann mir vorstellen, dass durch meine Hände der Segen Gottes zu den Menschen meiner Familie strömt und sie gleichsam wie ein schützender Mantel einhüllt. Ich kann mir vorstellen, dass der Segen Gottes in die Räume meiner Wohnung strömt, sodass ich in gesegneten Räumen wohne. Der Segen vertreibt auch oft die negative Energie in einem Raum, beispielsweise, wenn darin viel gestritten worden ist. Und ich kann den Segen zu den Menschen strömen lassen, mit denen und für die ich heute arbeite. Dann werde ich ihnen anders begegnen; der Segen wird zumindest in die ersten Stunden des Tages positiv einwirken.

Die dritte Segensgebärde ist das Auflegen der Hände. Das war die Gebärde, die Jesus selbst oft benutzte, wie es etwa bei der Heilung der gekrümmten Frau heißt: **„Und er legte ihr die Hände auf.“**[16] Durch die Hände Jesu strömte Gottes heilende Kraft in die Frau ein und richtete sie wieder auf. Der Segen durch Handauflegung geschieht auch bei der Priesterweihe. Der Bischof und alle anwesenden Priester legen dem neu geweihten Priester schweigend die Hände auf; mit dieser

[16] Lukas 13:13

Gebärde beten sie still für ihn. Bei Kursen mache ich oft diese Übung: Es finden sich zwei zusammen und einer legt dem anderen schweigend die Hände auf; dann wechseln sie die Rollen. Die Teilnehmer werden durch diese Segensgebärde sehr berührt. Sie spüren, wie eine heilende Kraft in sie einströmt. Die Handauflegung wird auch heute noch von spirituellen Heilern benutzt. Es geht dabei immer darum, dass nicht wir zu heilen vermögen, sondern dass Gottes heilender Segen durch unsere Hände in den anderen einfließt und zur Heilung beiträgt.

Im Alltag gibt es vor allem zwei wichtige Gelegenheiten, bei denen wir mit einer Segensgeste anderen wohltun können: Da ist zuerst der Krankensegen. Wenn wir einen kranken Menschen besuchen, sprechen wir zuerst mit ihm über das, was ihn und uns bewegt. Aber wir fragen ihn vielleicht auch, ob er möchte, dass wir ihn segnen. Wir nehmen dann seine Hände in unsere Hände und sprechen ein paar gute Segensworte wie: **„Barmherziger und guter Gott, segne meine Schwester (meinen Bruder) und halte du schützend deine Hand über sie (ihn). Lass deinen Segen in ihren (seinen) Leib und ihre (seine) Seele strömen, dass sie (er) gesund wird an Leib und Seele. Und lass deinen Segen wie ein schützender Mantel über ihr (ihm) sein. Amen."**

Wenn wir bei diesem Gebet auch die Hände auf den Kopf des Kranken legen, gibt ihm das ein Gefühl von Geborgenheit und er spürt, dass der Segen Gottes durch unsere Hände in ihn einströmt. Zum Schluss machen wir ein Kreuzzeichen auf seine Stirn. Das ist eine Gebärde der Zärtlichkeit, die ihm guttut.

Besonders die Kinder wollen am Abend gesegnet werden, wenn sie noch klein sind. Wir erzählen ihnen erst eine Geschichte, gehen den Tag mit ihnen durch. Und dann legen wir unsere Hand auf ihren Kopf und sprechen ein Segensgebet wie: **„Guter Gott, segne meine Tochter (meinen Sohn) und halte die ganze Nacht schützend deine Hand über sie (ihn), damit sie (er) in Frieden schlafen kann und sich in deiner Liebe geborgen fühlt. Amen."**

Kinder sehnen sich auch nach dem Segen, wenn sie aus dem Haus gehen. Verabschieden wir uns von unserem Sohn, von unserer Tochter, wenn er oder sie aus dem Haus geht, indem wir ein kleines Kreuz auf seine oder ihre Stirn zeichnen, gibt das dem Kind das Gefühl von Schutz, Geborgenheit und Nähe. Wenn ein Kind vor einer schweren Prüfung oder einer großen Reise steht, dann sagen wir vielleicht, dass wir es gerne segnen wollen. Dann legen wir die Hände auf den Kopf unseres Sohnes, unserer Tochter, und sprechen ein persönliches Segensgebet wie: **„Barmherziger und guter Gott, segne meinen Sohn (meine Tochter) und führe ihn (sie) sicher ans Ziel seiner (ihrer) Reise. Behüte ihn (sie) dort in der Ferne, dass es für ihn (sie) eine gesegnete Zeit wird und er (sie) selbst ein Segen sein darf für die Menschen, denen er (sie) dort begegnet. Amen."**

Eine Einladung

(FA) Überlegen Sie, welche Menschen Sie im Alltag segnen können.

- ***Gibt es einen Nachbarn oder einen Kollegen,*** *der gerade krank im Bett liegt und sich über Ihren Besuch und Segen freut?*
- ***Wann steht Ihr Kind das nächste Mal vor einer schwierigen Herausforderung,*** *auf die Sie es mit einem Segenszeichen gut vorbereiten können?*
- ***Wenn Sie Ihr Kind verabschieden,*** *machen Sie ein Kreuzzeichen auf die Stirn des Kindes, um es zu segnen.*
- ***Wenn Sie Ihr Kind begrüßen,*** *schenken Sie ihm eine Umarmung, die Sie mit den Worten verbinden:* **„Willkommen in deinem Haus. Mögest du dich daheim fühlen."**
- ***Planen Sie für Segensgesten nicht nur passende Gelegenheiten ein,*** *sondern achten Sie auch auf spontane Momente, in denen Sie plötzlich erfahren, dass jemand Zuspruch benötigt.*

Segenssprüche

(FA) Alle Religionen kennen Formeln und Rituale, um das erwünschte Gute herbeizurufen. Wir sprechen auch von „machtvollen" Gebeten und Ritualen. Ein paar Beispiele:

Aaronitischer Segen

Der vermutlich älteste Segensspruch steht in der Bibel im Alten Testament. Gott hat Moses den Text offenbart und ihn beauftragt, damit das Volk Israel zu segnen: **„Der Herr segne dich und behüte dich. Der Herr lasse sein Angesicht über dich leuchten und sei dir gnädig. Der Herr wende sein Angesicht dir zu und schenke dir Heil."**[17]

(AG) Der aaronitische Segen wird vor allem in der evangelischen Kirche am Ende des Gottesdienstes gesprochen. Eine evangelische Religionspädagogin meinte einmal, es sei ein mütterlicher Segen. So wie die Mutter am Morgen das Kind aufweckt und es anlächelt, so möge Gottes zärtliches Angesicht über uns leuchten. Der aaronitische Segen kann natürlich auch im katholischen Gottesdienst gebetet werden. Normalerweise wird er vom Pfarrer bzw. vom Priester gebetet. Aber alle Segensgebete, die uns die Bibel überliefert, können von jedem Menschen gesprochen werden. Denn jeder Mensch ist von Gott gesegnet und kann den Segen daher auch anderen zusprechen.

[17] 4. Mose 6:24-26

Christliches Abendgebet

„Herr, kehre ein in dieses Haus. Lass deine heiligen Engel darin wohnen, sie mögen uns in Frieden behüten. Und dein heiliger Segen sei alle Zeit über uns und um uns und in uns. Darum bitten wir durch Christus, unsern Herrn."

Dieses Abendgebet ist schon 1600 Jahre alt und wurde vor allem von den Mönchen am Ende der Komplet (Nachtgebet im Stundengebet) gesprochen. Wenn wir diese alten Worte sprechen oder hören, können wir uns vorstellen, dass die Worte angereichert sind durch die Segenserfahrungen vieler Menschen. So können wir uns vor Augen halten, dass bei diesem Gebet ganz viele Menschen hinter uns stehen und uns den Rücken stärken mit ihrer Glaubenskraft und Lebenskraft. Wir beten dann nicht allein, sondern erfahren dabei den Segen all der Menschen, die vor uns in diesen Worten Hoffnung, Zuversicht und Heilung erfahren haben.

Kurze Stoßgebete

In der christlichen Tradition gibt es viele kurze, spontan gesprochene Segensworte. So sagen viele Menschen vor einem Gespräch kurz: **„Herr, segne ihn (sie)!"** Oder sie beten vor einer Besprechung: **„Herr, segne diese Sitzung!"**

Ein junger Mann erzählte mir, wie es ihn berührt hatte, dass sein Vater beim Kalben im Stall immer die Worte sprach: **„In Gottes Namen!"** Das war ein kurzes Segensgebet, damit die Geburt des Kalbes gelang. Durch solche kurzen Stoßgebete wird der Glaube ganz konkret in den Alltag hinein übersetzt. Er prägt jedes Tun, indem ich bei allem, was ich in die Hand nehme, ein kurzes Segensgebet spreche. Ich vertraue darauf, dass Gott alles, was ich heute tue, segnen wird und dass alles Gelingen auch von seinem Segen abhängt.

Irischer Segen

Irische Segenssprüche sind heute beliebt. Sie nehmen immer Bilder aus der Natur, um das Wirken Gottes an uns zu beschreiben. Oft kommt in den Segenssprüchen Gott gar nicht direkt vor und doch ist mit allen Naturbildern in diesen Segensworten Gott gemeint. Gott wird nicht genannt und doch ist Gott immer präsent:

„Mögen sich die Wege vor Deinen Füßen ebnen."

„Mögest Du den Wind im Rücken spüren."

„Möge doch die Sonne auch Dein Gesicht bescheinen."

„Möge Regen sanft auf Deine Felder fallen."

Die irischen Segenssprüche greifen die Tradition der keltischen Spiritualität auf, die ganz und gar von Naturerfahrungen geprägt ist. Die Weisheit der frühen Kirche bestand darin, dass sie die Erfahrungen anderer Religionen – wie der keltischen – nicht abgelehnt oder ausgelöscht, sondern „getauft" hat. Sie hat die außerchristlichen Traditionen in die christliche Tradition aufgenommen:

**„Mögest Du immer einen Freund an Deiner Seite haben, der Dir Vertrauen gibt,
wenn es Dir an Licht und Kraft gebricht."**

**„Möge Gott auf dem Weg, den Du gehst, vor Dir hereilen.
Das ist mein Wunsch für Deine Lebensreise."**

**„Das Grün der Wiesen erfreue deine Augen, das Blau des Himmels
überstrahle deinen Kummer, die Sanftheit der kommenden Nacht mache
alle dunklen Gedanken unsichtbar."**

(FA) Vielen Yogalehrer **rezitieren** oder **singen** gerne zu Beginn oder Ende des Yogaunterrichts das bekannte Segensmantra **„Lokah Samastah Sukhino Bhavantu“ – „Mögen alle Wesen glücklich sein!“**. Es ist der in Asien am häufigsten zitierte Vers aus dem Metta-Sutta: **„Mögen alle Wesen glücklich sein und Frieden finden! Was es auch an lebenden Wesen gibt: ob stark oder schwach, ob groß oder klein, ob sichtbar oder unsichtbar, fern oder nah, ob geworden oder werdend – mögen sie alle glücklich sein!“**[18] Der gesamte Text wird auch bei Zen-Kursen am Ende des Tages vorgetragen – als Segenswunsch für alle Wesen.

Im Judentum gibt es unzählige Segenssprüche zu allen Anlässen wie das häufige **„Masel tov“**, was meist mit **„Viel Glück!“** oder **„Viel Erfolg!“** übersetzt wird. „Masel“ heißt wörtlich „ein Tropfen von oben“ und „tov“ meint „gut“. Dieser jüdische Segensspruch ist damit viel tiefsinniger als unser „Viel Glück!“. Er besagt, dass wir für den anderen Gutes von oben, von Gott erbitten. In Österreich ist „Massel gehabt!“ das Gleiche wie „Glück gehabt!“. Bei uns sind die Negativformen bekannt: „Schlamassel“ meint Unordnung, etwas zu „vermasseln“ heißt, etwas läuft schief.

Die meisten Segenssprüche im Judentum sind Danksagungen an Gott wie beispielsweise die „sieben Brachot“, sieben Segenssprüche, zur Hochzeit. Sie alle beginnen mit: **„Gelobt seist du, Ewiger ...“** Keine Jude isst etwas, bevor er nicht über die Speise ein Dankgebet gesprochen hat wie beispielsweise beim Brot: **„Gepriesen seist du, Ewiger, unser Gott, König des Universums. Du lässt die Erde Brot hervorbringen.“**

[18] Metta-Sutta, Sutta-Nipata 1:8; Übersetzung nach Vimalo

Eine Einladung

(AG) Welche Segensgesten passen in Ihren Alltag, wenn Sie an Familie und Beruf denken?

Im Beruf können Sie vor schwierigen Sitzungen ein kurzes Segensgebet – laut oder leise innerlich – sprechen: **„Guter Gott, segne unser heutiges Gespräch, sodass wir füreinander offen sind und erkennen, was für uns alle gut ist. Amen."**

Sie können genauso das Frühstück am Sonntag mit einem Segensgebet für die ganze Woche beginnen: **„Guter Gott, segne die neue Woche, die uns erwartet. Lass alles gelingen, was wir uns vorgenommen haben. Segne unsere Begegnungen, segne das Werk unserer Hände. Und lass uns füreinander Segen sein. Amen."**

Im Danken liegt Segen

(FA) Kirchenbesucher kennen das beliebte Lied „Sing mit mir ein Halleluja", mit dem Refrain: **„Sing mit mir ein Halleluja. Sing mit mir ein Dankeschön. Denn im Danken, da liegt Segen und im Danken preis ich ihn."** Im Danken erkennen wir den Segen an, der uns widerfahren ist oder der uns gerade widerfährt. In der Bewusstwerdung der vielen täglichen Segnungen erleben wir Freude. Wir können für so vieles danken: für unsere Gesundheit, für unsere Sicherheit, für unseren Wohlstand, für die Wunder der Natur – die Liste ist unendlich.

Danken heißt, Segen zu erkennen und in Freude zu verwandeln.

Das Wort „Danken" kommt von Denken, etwas in Gedanken/im Gedenken halten. Damit nutzen wir die spezifisch-menschliche Fähigkeit, zu reflektieren: Was widerfährt mir? Was habe ich erlebt? Durch diesen Reflexionsprozess verbinden wir das äußere Geschehen mit einem inneren Prozess des Erlebens und Bewertens, etwa wenn wir sagen: Das ist gut! Diesen Akt des Betrachtens und Bewertens finden wir bereits in der Schöpfungsgeschichte; am Ende jeden Tages betrachtete Gott seine Schöpfung und bewertete selbst sein Werk: **„Gott sah, dass es gut war."**[19] Meine laienhafte Vermutung: Der alte Jahwe (hebräisch: Gott, Schreibweise JHWH) wollte sich selbst eine Freude machen, denn er war zu diesem Zeitpunkt ja allein im Universum und lobte sich selbst.

[19] 1. Mose 1:10 ff.

(AG) Die Bibel sagt vom siebten Tag: **„Gott segnete den siebten Tag und erklärte ihn für heilig; denn an ihm ruhte Gott, nachdem er das ganze Werk der Schöpfung vollendet hatte."**[20] Segnen heißt hier auch, für heilig erklären. Der siebte Tag ist ein Tag, der heilig ist, über den die Welt mit ihren ökonomischen Zwängen keine Macht hat. Der mir selbst guttut. Und dieser Tag des Segens ist auch ein Tag der Ruhe. Interessant ist, dass die Ruhe offensichtlich notwendig ist, damit das Werk vollendet ist.

Wer nicht ruhen kann, der vollendet nie sein Werk.

Der Segen bringt uns das, was wir getan haben, zu Bewusstsein. Wir erkennen, dass etwas vollendet wurde, und wir sind dankbar dafür. Wir sehen, dass alles gut ist, oder wie die Griechen dieses Wort übersetzen, dass alles sehr schön ist.

(FA) An den Wendepunkten des Lebens, beim altersbedingten Ausscheiden aus dem Unternehmen, bei Beerdigungen, aber auch bei Jubiläen, ist es Brauch, Gutes über den Betreffenden zu sagen. Wir geben ihm Segenswünsche mit. Die Würdigung von Leistung, aber auch die Freude über das Dasein und Sich-Kennen verschönert, bereichert die Beziehung. Ein wesentliches Element dabei ist immer der Dank.

[20] 1. Mose 2:3

Worauf kommt es an? In einem größeren, gemeinnützigen Unternehmen wurde der langjährige Geschäftsführer verabschiedet, der Großartiges mit viel Herzblut und Weitblick geschaffen hatte. Der Vorstand des Trägervereins würdigte in seiner Rede nur seine eigene, nicht wirklich bedeutende Leistung und erging sich in üppiger Selbstdarstellung. Eine leitende Mitarbeiterin kommentierte das mir gegenüber als „peinlich und unwürdig". Es habe der Dank gefehlt, der sich insbesondere auf die konkrete Leistungen des Mitarbeiters hätte beziehen müssen. Gleichzeitig berichtete mir diese Frau, in der Organisation gebe es schlechte Stimmung und viel Stress. Sie selbst sei am Rande ihrer Belastungsgrenze und überlege, ihre Aufgaben abzugeben, da sie „das nicht mehr schaffen" könne. Der Segen verschwindet, wenn es an Dank und Wertschätzung fehlt!

(AG) Die geistige Dimension, die Spiritualität des Segens ist eng verbunden mit der Spiritualität der Dankbarkeit. Dankbarkeit gehört zum Wesen des Menschen, der als Geschöpf dankbar ist, dass er geschaffen ist und wie er geschaffen ist. Danken und Denken liegen beieinander. Wer richtig denkt, der ist auch dankbar. Dankbare Menschen sind angenehme Menschen, aber mit undankbaren Menschen kann man nicht gut zusammenleben. Man kann sie nie zufriedenstellen; sie können sich über nichts freuen.

Zur Dankbarkeit gehört auch die Danksagung. Im Mittelpunkt der christlichen Spiritualität steht die „Eucharistie", die „Danksagung" bedeutet. Wir danken Gott für alles, was er uns geschenkt hat. Die Danksagung ist aber auch für das menschliche Miteinander notwendig. Wenn wir einem Menschen, der sich verdient gemacht hat, nicht danken, dann entsteht eine Kälte, eine Atmosphäre von Härte und Gefühllosigkeit; da fehlt etwas Wesentliches. Danke zu sagen, schafft eine Stimmung von Freude.

Viele Menschen denken nur – oder erst – dann an Gott, wenn es ihnen schlecht geht, wenn sie etwas brauchen. Doch das Danken gehört viel umfänglicher zu unserer Gottesbeziehung dazu. Wenn wir Gott danken für das, was er uns täglich schenkt, für die Gesundheit, für die Arbeit, die wir schaffen dürfen, für die Begegnungen und Gespräche, für die Schönheit der Natur, dann bekommt unser Leben einen neuen Geschmack.

Danken tut uns selbst gut. Danken ist ein Segen für uns selbst.

Die frühen Mönche raten uns, dass wir auch für einen schwierigen Menschen danken sollen. Das scheint auf den ersten Blick paradox. Doch für einen Menschen zu danken, wie er ist, ist ein Weg, ihn bedingungslos anzunehmen. Ich will ihn gar nicht ändern. Ich danke Gott, dass es diesen Menschen gibt. Und wenn er schwierig ist, ist er auch eine Herausforderung für mich. Der Dank lässt mich den anderen mit neuen Augen anschauen. Schon oft hat der Dank den anderen innerlich verwandelt.

Bruder David Steindl-Rast, der die Dankbarkeit in den Mittelpunkt seiner Spiritualität gestellt hat, meinte einmal: **„Ich bin nicht dankbar, weil ich glücklich bin. Ich bin vielmehr glücklich, weil ich dankbar bin."** Die Dankbarkeit macht mich glücklich. Cicero nennt die Dankbarkeit die „Mutter aller Tugenden". Wer undankbar ist, vergisst, was Menschsein bedeutet. Als Mensch bin ich immer Geschöpf – mir selbst von Gott geschenkt. So werde ich mir in der Dankbarkeit meines eigenen Wesens als Mensch bewusst.

Eine Einladung

(AG) Nutzen Sie jede Gelegenheit, dankbar zu sein und Danke zu sagen.

- Wenn Ihnen etwas gelungen ist, sagen Sie einfach: **„Danke, Gott."**
- Wenn Sie Gott am Abend den vergangenen Tag in Ihren Händen hinhalten, sagen Sie einfach: **„Danke, es war ein guter Tag"** oder **„Danke, es war ein gutes Gespräch"**.
- Allein das Wort „Danke" verwandelt den Tag.
- Loben Sie sich nicht selbst und stellen Sie sich nicht in den Mittelpunkt. Sie können viel mehr dankbar sein dafür, dass Gott durch Sie gewirkt hat.
- Eine schöne Dankesformel ist diese: **„Gott, das hast du wirklich gut gemacht!"**
- Oder diese: **„Danke, dass du mich heute davor bewahrt hast, Unsinn zu erzählen oder etwas Blödes zu machen. Du hast auf mich aufgepasst. Danke."**

Weiblicher Segen

(FA) Gebete an Maria, die Gottesmutter, viele Marienlieder und Marienwallfahrtskirchen drücken den Glauben an die heilende weibliche Kraft aus. In einem Marienlied heißt es: **„Segne du Maria, segne mich dein Kind."** Im bekanntesten und wohl in der katholischen Kirche am meisten verbreiteten Gebet „Gegrüßet seist du Maria" bitten wir Maria als Fürsprecherin bei Gott, für uns einzutreten.

Mein Vater hat, nachdem er sechs Kriegsjahre mit vielen wundersamen Errettungen aus schwersten Gefahren überlebt hatte, in unserem Garten eine Grotte gebaut und eine Marienstatue als Dank für seine Rettung hineingestellt. Er hatte in Momenten der Gefahr immer um den Schutz der Mutter Gottes gebetet. Seine Schwester und seine Mutter hatten täglich Maria angerufen, den Sohn und Bruder zu beschützen.

Frauen als Beschützerin finden wir auch im Hinduismus. Hier ist es vor allem die schwarze Kali, die als Göttin des Todes das Leben nimmt und als Mutter das Leben gibt. Trotz ihrer schrecklichen Gestalt wird sie als Beschützerin der Menschen und als göttliche Mutter verehrt, da ihre zerstörerische Wut sich nicht gegen die Menschen, sondern gegen das Böse und gegen Ungerechtigkeit richtet. Die Gläubigen sehen sie als Zerstörerin der negativen Kräfte und Illusionen, die den Menschen daran hindern, Heil zu erlangen. Kali gilt im Volksglauben der Hindus als Göttin, die Wünsche erfüllen kann; sie wird ebenso als gnadenreiche Mutter und Erlöserin verehrt.

In unserem Kulturkreis sind viele bedeutende Kirchen Maria geweiht wie in München der „Dom zu Unserer Lieben Frau". Notre-Dame, „Unsere Frau", heißen Frauenkirchen in vielen Städten Frankreichs wie „Unsere Liebe Frau von Paris". Zahllose Marienwallfahrtskirchen wurden dort errichtet, wo Gebete und Anrufungen Marias zu Heilungen geführt haben. Analog haben die Hindus bedeutende und beliebte Tempel, die Kali geweiht sind, wie den berühmten Kalighat-Tempel in Kalkutta in Indien und den Dakshinkali-Tempel in der Nähe von Kathmandu in Nepal.

Offensichtlich geht von Frauen ein besonderer Segen aus, eine weibliche Kraft, die zu unserem Glück und zu unserem Heilwerden etwas anderes beiträgt als die männliche Kraft. Die Bedeutung dieser erlösenden und heilenden weiblichen Kraft wird für mich sichtbar in der weit verbreiteten Marienverehrung und in den zahlreichen Marienerscheinungen. Mir ist dagegen kein einziger Fall einer „Christuserscheinung" bekannt.

(AG) Jeden Abend singen wir in der Klosterkirche nach dem kirchlichen Nachtgebet das „Salve Regina". Es ist ein altes Marienlied aus dem Mittelalter mit schönen Sprachbildern. Diese Bilder beschreiben nicht nur Maria, sondern sind letztlich Hinweise auf den mütterlichen Gott.

Maria ist keine Göttin, aber sie ist das Prisma,
durch das für uns der mütterliche Gott erfahrbar wird.

Und so ist es offensichtlich das Bedürfnis der Mönche seit Jahrhunderten gewesen, am Abend mit einem Marienlied den Tag zu beschließen. In der Nacht wollten sie sich in den Armen des mütterlichen Gottes geborgen fühlen.

Und wir singen das „Salve Regina" am offenen Grab eines Mitbruders. Der Tod hat, wie die Geburt, immer auch mit der Mutter zu tun. Tod ist gleichsam Neugeburt. Und da ist das mütterliche Lied angemessen, um den Tod zu verwandeln. Im Tod fallen wir gleichsam in Gottes mütterliche Arme hinein. Im Volk ist es sehr beliebt, am Grab das Lied „Segne du Maria" zu singen. Es ist theologisch nicht unbedingt sehr tief, aber es trifft offensichtlich das Bedürfnis der Menschen.

Als meine Mutter starb, sangen wir an ihrem Grab auch dieses Lied. Die letzte Strophe lautet: **„Segne du Maria, unsre letzte Stund! Süße Trostesworte flüstre dann dein Mund. Deine Hand, die linde, drück das Aug uns zu, bleib im Tod und Leben unser Segen du."** Das Lied mit seiner mütterlichen Melodie ist für viele am Grab ein Trost. Es sichert zu, dass der Verstorbene nicht aus dem mütterlichen Segen herausfällt, sondern im Tod in Gottes liebende Arme hineinstirbt.

(FA) Diese intensive Marienverehrung, vor allem in der katholischen Kirche, zeugt von unserer Sehnsucht nach dem weiblichen Segen. Sie ist für mich die Antwort der Seele auf unsere einseitig männlich geprägte Kultur, der das archetypisch Weibliche mit seinen Qualitäten weitgehend fehlt. Während in Vorzeiten Gott als Mutter verehrt wurde – als lebenspendende Kraft –, haben das Judentum, in der Folge das Christentum wie auch der Islam die männliche Seite Gottes einseitig in den Vordergrund gestellt.

Dies zeigt sich ganz markant bereits im ersten Gebot, das Moses von Gott erhielt: **„Denn ich, der Herr, dein Gott, bin ein eifersüchtiger Gott: Bei denen, die mir feind sind, verfolge ich die Schuld der Väter an den Söhnen, an der dritten und vierten Generation (...)."** [21] Gott nennt sich

[21] 2. Mose 20:5

Herr, nicht Mutter, auch nicht Vater. Er nennt Eifersucht sein Charaktermerkmal und nimmt Rache sogar an den Kindern und Enkeln. Muss da nicht die Sehnsucht nach dem Weiblichen, Nährenden, Fürsorglichen die direkte Folge sein?

Nun heißt es in der Bibel, aber auch im Schöpfungsbericht: **„Gott schuf also den Menschen als sein Abbild; als Abbild Gottes schuf er ihn. Als Mann und Frau schuf er sie.“**[22] Damit sagt Gott klar über sich, er vereine in sich selbst diese beiden Aspekte – Mann und Frau –, sonst wären sie ja nicht sein Abbild.

Die Psychologie weiß schon sehr lange, dass jeder Mensch weibliche und männliche Qualitäten aufweist. C. G. Jung nennt diese „Animus“ und „Anima“, wobei in den meisten Menschen der geschlechtszugehörige Aspekt im realen Verhalten dominiert. Männer haben etwas mehr Animus-, Frauen eher mehr Anima-Anteile in ihrer Persönlichkeit. Der jeweils andere Aspekt gerät damit in die Verdrängung, ins Unbewusste, und wir empfinden dann eine Sehnsucht nach dem verdrängten, nach dem „fehlenden“ Teil.

[22] 1. Mose 1:27

Eine Einladung

(FA) Geben Sie dem „Weiblich-Göttlichen" in Ihrem Leben mehr Raum. Mit dem Blick auf weibliche Symbole kommen Sie mit der weiblich-heilenden Energie in Berührung. Die Anwesenheit von Symbolen in Ihrer Wohnung oder Ihrem Büro verändert bereits die Energie, die Schwingung der Räume.

In Maria schauen Sie auf den Mutter-Aspekt des Weiblichen, was Ihrer Sehnsucht nach Schutz und Geborgenheit entspricht. Sie können ein Bild von Maria aufhängen oder eine Marienstatue aufstellen.

Auch andere Frauen werden in der katholischen Kirche als Heilige verehrt wie beispielsweise die Hl. Hildegard von Bingen. Sie können sich deren Segen durch Bilder oder Symbole bewusst machen und erbitten.

Wem die christlichen Symbole nicht nahekommen, kann sich auch Kali oder anderen weiblichen Gottheiten zuwenden und weibliche Symbole aus anderen Kulturen verwenden. Beispielsweise wird der fünfzackige Stern – das Pentagramm – in alten Traditionen als Verbindung zum Weiblichen über die obere Spitze gesehen.

Segenstraditionen

(FA) Im Buddhismus, besonders im Theravada-Buddhismus, ist die Metta-Meditation sehr verbreitet. „Metta“ meint, für sich und andere zu bitten; oft wird „Metta“ auch mit „liebende Güte“ übersetzt. Der Buddhist will liebende Güte gegenüber allen fühlenden Wesen entwickeln. Jedes freundliche Gefühl, jede liebevolle Grundhaltung ist Metta in Form eines Samens, der keimt und sich entwickelt, wenn wir ihn hegen und pflegen.

Die Bitten und Wünsche in der Metta-Meditation beginnen – ähnlich den irischen Segenswünschen: „Möge ich ...“ oder „Mögest du ...“. Dieser Satzanfang bringt eine innere Veränderung im Meditierenden mit sich. Die Formel löst sich vom Tun und dem „Macher“; sie ruft lediglich ein Geschehen herbei:

„Möge ich sicher sein.“

„Möge ich in Frieden sein.“

„Möge ich freundlich zu mir selbst sein.“

„Möge ich mich selbst so annehmen, wie ich bin.“

Das Gleiche können wir natürlich genauso jemand anderem wünschen.

Zur Praxis der Metta-Meditation gehören die Wiederholungen. Ob laut oder leise, durch häufiges Wiederholen wird sich allmählich eine positive innere Haltung einstellen. Wie zur Wirksamkeit von Gebeten gibt es auch Forschungen zur Wirksamkeit von Meditation – mit ähnlichen Ergebnissen. Mit der Metta-Meditation wird besonders die Selbstliebe, die Fähigkeit zu guten Gefühlen und die Selbstheilungskraft gestärkt – in einem selbst und in dem anderen, für den man bittet beziehungsweise dem man Gutes wünscht.

In der Meditation entsteht Bewusstheit als wirkende, geistige Kraft.

Ich mache für mich selbst gerne ein schamanisches Morgenritual. Dieses biete ich auch in meinen Kursen am Morgen nach der Meditation an. Mit einer an die indianische Tradition angelehnten Anrufung verbinden wir uns mit den Kräften der Natur und der geistigen Welt. Ich wurde dafür auch schon heftig kritisiert und jemand meinte, ich würde Tiere anbeten. Für mich sind in der Natur und in der Schöpfung vielfältige, differenzierte geistige Kräfte vorhanden, um deren Segen, um deren Unterstützung wir bitten dürfen und die uns helfen und auch heilen können. Diese Anrufung der Naturkräfte gibt es in zahlreichen Varianten bei allen indigenen Völkern und auch die den Himmelsrichtungen zugeordneten Krafttiere variieren.

Die Anrufung beim Morgenritual:

„Ich verabschiede die Nacht und danke für die Nacht, für den Schlaf und für all das Gute, was ich heute schon bekommen habe: die heiße Dusche, die Kraft aufzustehen ... Und ich danke für das Geschenk eines neuen Tages. Ich begrüße den neuen Tag und verbinde mich mit den Kräften der geistigen Welt.

Ich verbinde mich mit den Kräften des Ostens – mit dem Feuer, mit dem feurigen Löwen. Entfacht in mir das Feuer, das mich reinigt, mich läutert, das alles Kranke, Schädliche, Verbrauchte in mir verbrennt, auch meine Selbstzweifel, meine Selbstbestrafungs- und Selbstzerstörungsmuster, alle destruktiven Programme und Gewohnheiten, meine falschen Ansprüche, Erwartungen und meine Gier. Entfacht in mir das heilige Feuer der Leidenschaft für mein Tun und für mein Sein.

Ich verbinde mich mit den Kräften des Südens – mit dem Wasser, dem spielerischen Delfin. Führt mich zu meinen Gefühlen, lehrt mich, meine Gefühle zu zeigen und zu leben. Lehrt mich, heilsame Gefühle zu entwickeln und schädliche zu vermeiden. Lehrt mich, das Auf und Ab des Lebens anzunehmen und lehrt mich die Freude und die Lust am Sein.

Ich verbinde mich mit den Kräften des Westens – mit der Erde, mit dem starken Bären[23]. Stärkt meinen Körper, meine Organe, meine Gesundheit, meine Selbstheilungskräfte und Abwehrkräfte, meine Vitalität, Lebenskraft und meine Sexualität. Unterstützt meine Organe, damit sie in vollkommener Harmonie mit sich selbst sind und mit allen anderen Organen ihre alten und neuen Aufgaben gut erfüllen. Lehrt mich die Heiligkeit meines Körpers und die Heiligkeit des Seins.

Ich verbinde mich mit den Kräften des Nordens – mit dem Wind, mit der Luft, mit dem weitsichtigen Adler. Schärft meine Sinne, meinen Verstand. Lehrt mich, zu erkennen, was mir guttut, was mir schadet und zeigt mir die Wege, das Gute zu realisieren, das Schädliche zu vermeiden. Lehrt mich, das Leben mit Abstand zu betrachten und lehrt mich die Leichtigkeit des Seins.

Ich verbinde mich mit den Kräften von oben – mit meinen Ahnen, meinen Vätern und Müttern, meinem mächtigen Schutzengel, meinen verstorbenen Freunden und all meinen geistigen Freunden, Helfern und Heilern. Führt mich durch diesen Tag, inspiriert mich, stärkt mich, schützt mich und heilt mich.

[23] Indianer nennen hier den Büffel.

Ich verbinde mich mit den Kräften von unten – mit den Kräften des Unbewussten. Möge das Verborgene heute in dem Maße in mir aufsteigen, wie es in mein Bewusstsein integriert werden kann und meiner Entwicklung dient.

Ich verbinde mich mit den Kräften der Mitte – mit der göttlichen Liebe, mit meinem Herzen. Möge die allumfassende göttliche Liebe mich durchdringen, mein Herz, mein Bewusstsein, mich ganz und gar und durch mich hindurch zu allen Wesen fließen. Möge ich meine innere Führung, die Stimme meines Herzens in jedem Moment klar und deutlich hören und lernen, meiner inneren Führung zu folgen.

Darum bitte ich zu meinem Wohl, zum Wohl der Menschen, die mir nahestehen und zum Wohl aller Wesen. Und für all das, was ich bekommen werde, danke ich schon jetzt ganz, ganz herzlich.

Eine Einladung

(AG) Finden Sie Segensgesten, Segenstexte und Segensrituale für den Tagesverlauf, die Ihnen gefallen und Ausdruck Ihrer Religiosität sind.

Am Morgen nach dem Aufstehen: Sie können nach der Dusche sich im Bad aufrecht hinstellen und die Hände zur Segensgeste erheben, sodass die Handinnenflächen nach vorne weisen. In dieser Haltung können Sie den Segen zu den Menschen senden, denen Sie heute begegnen. Oder Sie können den Segen in den Tag fließen lassen, damit der ganze Tag gesegnet ist.
Beginn des Arbeitstages: Wenn Sie Ihr Büro betreten, können Sie ein kurzes Gebet sprechen: **„Guter Gott, segne heute alles, was hier in diesem Raum geschieht!“**
Beginn einer Besprechung: Halten Sie kurz inne und bitten Sie still um Segen für die kommenden Gespräche.
Zur Mittagspause: Halten Sie alles, was Sie bisher getan haben, mit Ihren Händen, die Sie wie eine Schale vor sich halten, Gott hin. Und bitten Sie Gott, dass er alles in Segen verwandelt.
Abschluss des Arbeitstages: Halten Sie den ganzen Tag in Form der Handschale Gott hin. Vertrauen Sie darauf, dass Gott alles in Segen verwandelt.
Vor dem Zubettgehen: Umarmen Sie sich selbst und den Tag, wie er war. Und vertrauen Sie darauf, dass auch Gott mit seinem Segen alles in Ihnen umarmt.

Der Segen
ruft uns das,
was wir getan haben,
ins Bewusstsein.

Sei ein Segen – immer und überall!

Selbst zum Segen werden

(FA) Sicher haben Sie selbst schon erlebt oder davon gehört, dass eine Person für ihre Umgebung „ein Segen ist“. Wir sagen auch: **„Sie kommen wie gerufen“** oder **„Dich hat ein guter Engel geschickt“.** Wann wird jemand zum Segen für andere? Was zeichnet solche Personen aus?

In einer kleinen Ferienpension in einem Bergdorf wurde die Inhaberin krank. Sie war alleinerziehende Mutter und hatte eine schulpflichtige Tochter. Sie konnte ob ihrer Erkrankung immer weniger den Betrieb, ihr Kind und sich selbst versorgen. Sie war aber von den Einnahmen aus dem Pensionsbetrieb wirtschaftlich abhängig. Die Zimmer waren gebucht, der Betrieb musste laufen. Das Problem kennen viele Selbstständige: Krank-Werden geht einfach nicht. In dieser größten Not kam eine Freundin der Inhaberin in die Pension und erklärte, sie habe sich unbezahlten Urlaub genommen und werde sich um den Betrieb und die Tochter kümmern. Sie schickte die Mutter in die Klinik und sorgte gut für alles. Sie wurde so zum Segen für die erkrankte Mutter, für ihr Kind und für die Pension.

Der Segen fällt aber immer auch auf den zurück, der zum Segen geworden ist. Diese Freundin, inzwischen älter und allein lebend, bekommt regelmäßig Grüße und auch Besuch von der Tochter. Sie erlebt es als sehr schön, dass es jemanden gibt, der an sie denkt. Und sie erzählt voller Stolz davon, wie sie damals – ohne Wenn und Aber – einfach gehandelt habe: „Dazu sind Freunde da!“

Oft sind Menschen ein Segen, wenn sie einspringen, helfen oder einfach da sind, wenn jemand nicht mehr alleine auskommt. Ich kam in jungen Jahren bei Schneeglätte nachts mit meinem kleinen Auto ins Schleudern und landete im Straßengraben. Ich war unverletzt, stand aber unter Schock. Ein Ehepaar, das dazukam, kümmerte sich um mich und half mir weiter. Ich war so voller Dankbarkeit in meiner damaligen Hilflosigkeit. Zwei Menschen wurden mir zum Segen. Ich könnte auch sagen, mir halfen zwei Engel.

Es ist die Selbstlosigkeit, die Überwindung unserer Bequemlichkeit, wenn wir auf die Not anderer schauen und diese lindern, die uns zum Segen werden lässt. Oft ist es nicht einmal ein praktisches Handeln oder Unterstützen, sondern unsere liebvolle Zuwendung, indem wir wach und wohlwollend da sind. Das aufmerksame Zuhören, wenn jemand in Schwierigkeiten ist, und das Verstehen seiner Lage bringen einen Segen in die Situation. Im Kern ist es die Liebe, die wir für ihn empfinden, die der Betroffene spürt und als segensreich erlebt.

Immer wird der Segen, der wir für andere sind, auch uns selbst zum Segen. Allein das Gefühl, etwas Gutes getan zu haben, erhöht unser Selbstwertgefühl. Wenn wir die Dankbarkeit des anderen spüren, spüren wir auch die Verbindung zu diesem Menschen und nehmen mit ihm gemeinsam an seinem Glück teil. Pfadfinder geloben, nach dem Prinzip zu leben: Jeden Tag ein gutes Werk tun und jederzeit helfen. Sie werden so täglich zum Segen für andere.

Wir werden zum Segen für andere,
indem wir ihre Bedürfnisse erkennen,
ihnen Gutes und das für sie Notwendige tun.

So gesehen sind Eltern, wenn sie für ihre Kinder Zeit haben und sich um sie kümmern, ein Segen für sie. Wenn Kinder nur vor den Fernseher gesetzt werden, damit sie „Ruhe geben" und die Eltern nicht stören, ist das weniger segensreich. Eine schöne, behütete Kindheit wird von jedem Menschen als segensreich erlebt. Eltern haben Freude an der Entwicklung ihrer Kinder und das kindliche Strahlen und Lachen ist eine tiefe Bereicherung. Wir können in diesem unschuldigen Lachen von Kindern die Liebe Gottes sehen. In der Bibel heißt es dazu im Lukasevangelium: **„Jesus aber rief die Kinder zu sich und sagte: Lasst die Kinder zu mir kommen; hindert sie nicht daran! Denn Menschen wie ihnen gehört das Reich Gottes."**[24]

Manche Menschen sind ein Segen allein schon durch ihr Dasein und So-Sein. Sie haben eine gute Wirkung auf uns, ohne dass sie etwas tun. Sie sind von einer Aura umgeben, die etwas ausstrahlt und ihrer Umgebung guttut. Das trifft für alle Menschen zu, die von ihrem Wesen her eine positive Grundhaltung zum Leben haben.

Sie vermehren den Segen, den Sie von anderen empfangen haben, wenn Sie ihn mit persönlichem Dank verbinden. Oft machen wir das spontan, indem wir sagen: „Das hat mir jetzt gutgetan." Manchmal ist aber dazu keine Gelegenheit, oder wir sind so mit uns selbst beschäftigt, dass wir daran nicht denken. Dann sollten wir es nachholen, sobald die nächste Gelegenheit da ist. Es ist ein einfacher und äußerst effektiver Weg, den Segen und damit das Gute in der Welt zu vermehren.

[24] Lukas 18:16

Eine Einladung

(FA) Erinnern Sie sich an verschiedene Momente, in denen Ihnen jemand gutgetan hat. Jemand hat Sie in den Arm genommen, Sie getröstet, Sie ermuntert …

- In jeder der Situationen waren andere Menschen beteiligt.
- Wählen Sie etwas davon aus und lassen Sie es genauso jemand anderem zukommen – bewusst, liebevoll und wohlwollend.
- Beachten Sie dabei, was der andere annehmen kann.
- Seien Sie vorsichtig, damit es nicht aufdringlich erscheint.
- Machen Sie sich das zur Gewohnheit, etwa einmal pro Woche – oder auch öfter.

Der Segen im „du sollst …“

(AG) Die schönste Zusage, die Gott einem Menschen machen kann, ist die an Abraham: **„Ein Segen sollst du sein.“**[25] Wir dürfen das auch als Zusage an uns verstehen. Unsere Aufgabe ist es, ein Segen zu sein. Oft sagen wir von einem anderen Menschen, dass er ein Segen für uns sei. Aber wenn wir die Zusage Gottes wörtlich nehmen und sagen: „Ich bin ein Segen“, dann wehrt sich vieles in uns. Wir denken: Ich bin doch nichts Besonderes! Ich bin doch kein Segen! Ich habe doch so viele Fehler und Schwächen! Und dennoch dürfen wir von uns selbst behaupten, ein Segen zu sein. Wir können damit zwar nicht angeben, aber wir dürfen dankbar bekennen, selbst schon für andere ein Segen gewesen zu sein. Und wir können es immer wieder sein. Das verwandelt unser Selbstwertgefühl; es befreit uns von Selbstentwertungen. Aber es bewahrt uns auch davor, uns selbst zu überschätzen, wenn wir in Dankbarkeit dieses Wort von uns sagen.

Wir können auch die Zehn Gebote, die Gott dem Volk Israel gegeben hat, als Ausdruck des Segens verstehen. Für die Israeliten waren die Zehn Gebote keine Last, sondern Wege in die Freiheit. Und sie waren Ausdruck einer tiefen Gotteserfahrung. Von Moses wird gesagt, dass sein Gesicht davon leuchtete. Er spürte, dass die Gebote die Freiheit der Israeliten schützen sollten, die sie in Gott und mit Gott erfahren hatten. Die Zehn Gebote sind Ausdruck einer neuen Erfahrung Gottes und einer neuen Selbsterfahrung. Wer diese Erfahrung Gottes nicht macht, erlebt sie eher als Last. Die Juden sprechen nicht von Geboten, sondern von „Weisungen“. Und sie haben diese Weisungen selbst als Segen erfahren.

[25] 1. Mose 12:2

Gott weist uns einen Weg, wie das Leben gelingen kann.

Wenn wir diesen Weg gehen, wird der Weg für uns selbst und für die Gemeinschaft zum Segen. Die Weisungen werden zum Segen für das menschliche Miteinander.

Wir haben jedoch die Zehn Gebote zu oft nur moralisierend ausgelegt. **„Du sollst …"** haben wir als „Wenn du das nicht tust, bist du nicht gut, wirst du bestraft" interpretiert. Solche Deutungen widersprechen der ursprünglichen Absicht der Zehn Gebote. Das deutsche Wort „Gebot" hat übrigens die gleiche Wurzel wie das Wort „Buddha". Es kommt von „bieten". Die indogermanische Wurzel ist „bheudh" und meint „erwachen". Buddha heißt: „der Erweckte". Die Gebote sind also keine Last, die wir auf uns nehmen, keine Pflicht, die wir erfüllen müssen, sondern Wege zum Aufwachen. Und wenn wir aufwachen und wach und achtsam durch die Welt gehen, dann sind wir auch ein Segen für die Welt.

(FA) Das Wort „Segen" spielt in der biblischen Heilsgeschichte eine große Rolle; es kommt in der Bibel 92-mal vor. Bereits in der Schöpfungsgeschichte im 1. Buch Mose heißt es bei allem, was Gott geschaffen hat: **„Gott segnete sie"** oder **„Ich will dich segnen"**. Eine besondere Bedeutung kommt dem Segen am siebten Tag zu, dem Sabbat: **„Denn in sechs Tagen hat der Herr Himmel, Erde und Meer gemacht und alles, was dazugehört; am siebten Tag ruhte er. Darum hat der Herr den Sabbattag gesegnet und ihn für heilig erklärt."**[26]

[26] 2. Mose 20:11

Der Sonntag ist gemäß Gottes Wort und Wille ein gesegneter Tag. Er dient der Ruhe. Verstöße dagegen sollte Moses hart bestrafen: **„Sechs Tage soll man arbeiten; der siebte Tag ist Sabbat, Ruhetag, heilig für den Herrn. Jeder, der am Sabbat arbeitet, soll mit dem Tod bestraft werden."**[27]

Der Sonntag ist gesegnet.

Wenn wir den Sonntag entweihen, ihn wie jeden anderen Tag mit Arbeit anfüllen, werden wir diesen Segen verlieren. Umgekehrt wird der Segen dieses Tages uns erfüllen, wenn wir – wie in meiner Kindheit noch üblich – diesen Tag als besonderen Tag feiern und genießen.

Eine Einladung

(FA) Überprüfen Sie kritisch, wie Sie den Sonntag verbringen.

- Was ist weniger segensreich oder sogar belastend?
- Was würde Ihnen Freude bringen?
- Machen Sie einen definitiven Plan, am besten schriftlich, wie Sie die Sonntage zukünftig verbringen möchten, und beobachten Sie, wie es Ihnen damit geht.

[27] 2. Mose 31:15

Der Sinn des Erfolgs

(FA) **„Erfolg ist keiner der Namen Gottes."** Dieser bekannte Satz von Martin Buber, dem jüdischen Religionsphilosophen, ist erst einmal befremdlich. Wir wollen den Segen ja gerade, damit etwas gelingen möge, damit wir erfolgreich seien. Erfolge sind für die persönliche Entwicklung sehr wichtig. Sie helfen uns, Selbstbewusstsein und Selbstvertrauen aufzubauen. Wenn Sie in die Gesichter von Siegern schauen – Fernsehen macht's möglich – dann sehen sie überdeutlich die Freude, das Glück darin. Ich kenne viele Menschen, für die sportliche Erfolge, besonders in der Jugend, ganz wesentlich zur Persönlichkeitsentwicklung beigetragen haben.

Der Satz von Martin Buber bezieht sich eher auf die zweite Lebenshälfte, wenn wir beginnen, über den Sinn des Lebens nachzudenken. Mit den Fragen nach Leben und Tod, nach dem Sinn von Leid und anderen religiösen Fragestellungen beginnt der Weg nach innen: Wer bin ich wirklich? Wir erkennen, dass Erfolge schön sind, uns geprägt und geholfen haben, dass aber noch tiefer liegende Themen das Eigentliche unseres Lebens ausmachen, bei denen uns unser Ruhm und unser Bankkonto nicht weiterhelfen.

Der Segen des Erfolges steht außer Zweifel. Wenn wir ein Ziel erreicht haben, verbuchen wir das als Erfolg und erleben Freude und Stolz. Unsere Selbstsicherheit und unser Selbstbewusstsein wachsen, wenn wir etwas erreicht haben, etwas können. Unsere soziale Identität entsteht durch das, was wir in der Gemeinschaft vollbracht haben und vollbringen können.

Ob Torwart, Schriftsteller oder IT-Experte – jeder, der etwas für eine Gemeinschaft oder für andere leistet, macht sich über den Erfolg einen Namen, erwirbt eine Bedeutung. Ich bin dann das, was ich kann und was ich geleistet habe. Das gilt insbesondere auch für normierte Leistungen, wenn wir unser Können und Wissen durch eine Prüfung belegen wie z. B. in der Schule oder bei Meisterschaften. In der Regel wird das auch durch Anerkennung – ein Diplom, eine Medaille oder eine Urkunde – sichtbar gemacht.

Das Wissen, etwas Bedeutendes geleistet zu haben und etwas zu können, ist sehr wichtig für unsere psychische Stabilität und unsere seelische Gesundheit. In der ersten Lebenshälfte ist das entscheidend, wenn wir unseren Platz in der Gesellschaft suchen und aufbauen. Genauso oder noch wichtiger kann es sein, privat und persönlich etwas zu leisten. Wenn wir schlechte Gewohnheiten wie beispielsweise das Rauchen überwinden, wenn wir uns ehrenamtlich engagieren, wenn wir uns persönliche Ziele setzen, liegt im Leisten und Erreichen ein Erfolgserleben, auch dann, wenn es in der Öffentlichkeit nicht gesehen wird. Besonders Frauen erbringen täglich Großartiges und werden zum Segen für ihre Kinder, für die Familie und parallel dazu oft auch noch im Beruf. Das segensreiche Wirken im Verborgenen und im Stillen ist oft wichtiger als das, was öffentlich hochgespielt wird. Auch wenn es manchmal mühsam und beschwerlich ist, unser Tagewerk zu bewältigen, finden wir darin – besonders im Rückblick – Glück und Zufriedenheit.

Wenn wir dankbar sind für das, was wir für andere tun können, fällt ein Segen auf uns zurück. Das, was wir für andere tun, braucht nicht immer gewürdigt zu werden, es tut uns aber gut, wenn es von anderen gesehen und gesagt wird.

Das erste der Zehn Gebote, das sich auf das menschliche Zusammenleben bezieht – die ersten drei Gebote regeln unsere Beziehung zu Gott –, ist das vierte Gebot. Es trägt den Kindern auf, die Eltern zu ehren. Als Belohnung wird ein gelingendes, gesegnetes Leben versprochen. Die Sorge für die Kinder ist für Eltern oft mit viel Mühe und Verzicht verbunden. Die Anerkennung dieser Leistung ist von zentraler Bedeutung, auch wenn Eltern nicht vollkommen sind. **„Ehre deinen Vater und deine Mutter“**[28] geht über benedicere, „Gutes sagen“, hinaus. Wenn jemand geehrt wird, bezieht sich diese Ehrung auf eine besondere Leistung. Zu jemandem, der geehrt wird, schauen wir auf.

[28] 2. Mose 20:12

Eine Einladung

(FA) Gönnen Sie sich jeden Tag Erfolgserlebnisse. Genießen Sie die Freude und das Glück, wenn Sie erfolgreich waren. Setzen Sie sich jeden Tag drei realistische Ziele, die Sie auf jeden Fall verfolgen und erreichen werden. Nehmen Sie sich nicht zu viel vor, aber seien Sie anspruchsvoll – sowohl im Beruf als auch zu Hause.

Erstes Ziel: Notieren Sie etwas, das unangenehm ist. Schreiben Sie ein „U" davor.
Das erledigen Sie zuerst. Beobachten Sie genau, wie es Ihnen ergeht, wenn Sie das erledigt haben. Genießen Sie diesen Erfolg.

Zweites Ziel: Erledigen Sie etwas, das dringend ist. Notieren Sie ein „D" davor.

Drittes Ziel: Arbeiten Sie an einer Sache, die noch nicht dringend, aber wichtig ist. Vermerken Sie hier ein „W". Das schafft Ihnen später Freiräume und aktiviert immer wieder Ihr Unterbewusstsein, das dann gute Einfälle liefert.

Der Segen im Misserfolg

(FA) Wir brauchen Erfolge und die daraus resultierende psychische Stärkung, um Selbstwert zu entwickeln, aber auch, um Misserfolge zu verkraften und diese als Segen zu erleben. Was passiert mit denen, die keine Goldmedaille bekommen? Beim Fußball – da werden auch die Verlierer im Fernsehen gezeigt – kann man das deutlich in den Gesichtern sehen. Wie sah Lionel Messi aus, nachdem Deutschland die WM 2014 gewonnen hatte? Es ist erst einmal tröstlich, dass der Zweitplatzierte ja auch eine Medaille bekommt und auch der Letztplatzierte war dabei und erhält eine Urkunde. Wer zu einer Weltmeisterschaft fährt, hat, auch wenn er nicht mit einer Medaille heimkommt, schon vorher viele Erfolge verbucht.

Der besondere Segen des Misserfolgs liegt nun darin, dass er uns hilft, etwas Wichtiges zu lernen – etwas, das für die Lebensbewältigung entscheidend ist. Wir entdecken unsere Grenzen. Wir lernen, Niederlagen und Scheitern emotional zu verarbeiten. Erfolge zu feiern ist schön, aber keine besondere Kunst. Gut mit dem zu leben, was wir nicht erreicht haben, wo wir vielleicht sogar versagt haben, ist ein äußerst wertvoller Lernprozess.

Der große Mystiker des Mittelalters, Meister Eckhart, sagt, Leiden sei das schnellste Pferd zu Gott. Not und Leid machen uns wach, Wohlergehen macht uns satt und träge und tut uns auf Dauer nicht gut. Wir brauchen für unsere Entwicklung beides: Erfolge und das damit verbundene Glückserleben sowie Misserfolge, die uns wach und sensibel für das Leid anderer machen.

Wir erleben in den Misserfolgen seelisch einen Verlust; wir müssen Abschied nehmen von Zielen und Erwartungen. Wir trauern den verpassten Chancen nach. Die echte Trauer, wenn wir sie zulassen, ist eine großartige Leistung auf der seelischen Ebene, die uns im Leben, vor allem zum

Ende unseres Lebens hin, gute Dienste leisten kann. Wir lernen loszulassen und Abschied zu nehmen und gleichzeitig öffnen wir uns damit für Neues, Unbekanntes. Hermann Hesse beschreibt das in seinem bekannten Gedicht „Stufen" so: **„Es muss das Herz bei jedem Lebensrufe bereit zum Abschied sein und Neubeginne, (...) Wir sollen heiter Raum um Raum durchschreiten, an keinem wie an einer Heimat hängen (...)."**

Der Segen des Misserfolgs liegt in dem Erlernen, Abschied zu nehmen, nichts festzuhalten. Das führt nicht nur zu neuen Freiheiten, sondern dient auch unserem Heilwerden. Hesse drückt das in „Stufen" so aus: **„Wohlan denn Herz, nimm Abschied und gesunde!"**

Erfolge stärken unser Selbstbewusstsein und erschaffen Identität.
Misserfolge helfen uns, charakterlich zu reifen.

Beim genauen Betrachten liegt im Misserfolg ein genauso großer Segen wie im Erfolg. Der Erfolg baut uns seelisch auf, schafft Identität und Selbstbewusstsein. Der Misserfolg hilft, unser Ego zu zähmen, jenen Persönlichkeitsanteil, der nie genug bekommt, der ganz einseitig immer großartig sein will. Jedoch erst im Umgang mit Niederlagen und Scheitern entwickeln wir wichtige menschliche Qualitäten.

(AG) Für uns Christen ist das Kreuz ein zentrales Glaubenssymbol. Das Kreuz ist erst einmal ein Bild des Scheiterns. Jesus, der die Menschen mit seiner Botschaft fasziniert und viele Kranke geheilt und Gebeugte aufgerichtet hat, starb am Kreuz. Sein Lebenswerk scheiterte. Aber gerade dieses Symbol des Scheiterns wurde zum Symbol der Hoffnung. Dieser Jesus, der da am Kreuz verlassen starb, wurde von Gott verherrlicht und in der Auferstehung erhoben. Er wurde für uns alle zum Zeugen dafür, dass auch die größte Niederlage zum Sieg werden kann, dass jedes Scheitern zu einem Neuanfang führen kann. Das Kreuz ist das Hoffnungssymbol; das Scheitern zerbricht uns nicht, sondern bricht uns für neue Möglichkeiten auf. Scheitern kommt von „scheiden". Es wird in uns etwas „geschieden", damit das Eigentliche, das hinter aller äußeren Fassade als Kern in uns steckt, zum Vorschein kommt. Das Scheitern zerbricht unsere Vorstellungen, die wir von uns und vom Leben hatten, um uns aufzubrechen für unser wahres Selbst, um uns aufzubrechen für die Mitmenschen und um uns aufzubrechen für das Geheimnis des Gottes, der so ganz anders ist, als wir ihn uns vorgestellt haben.

(FA) In dieser Welt existiert nichts ohne sein Gegenteil. Der Tag braucht die Nacht, sonst würden wir nicht wissen, was ein Tag ist. Wenn man zwischen den hohen Bergen die tiefen Täler wegnimmt, dann gibt es keine Berge mehr. Zum Erreichen und Bekommen gehören auch das Versagen und das Verlieren. Wir möchten gerne nur Freude erleben und gerne Enttäuschung und Trauer vermeiden. Das ist weltfremd und naiv.

*Wenn wir lernen, auch das Nicht-Erwünschte anzunehmen
als wesentlichen Teil des Lebens,
haben wir Anteil an allen Segnungen des Lebens.*

Menschen, denen alles leichtfällt, die begabt sind und ohne große Anstrengung vieles erreichen, sind dadurch nicht zwangsläufig gesegnet. Sie werden nicht zwingend zum Segen für ihre Umgebung und für sich selbst. Im Gegenteil, sie werden meist leicht überheblich und haben oft wenig Mitgefühl und Verständnis für andere, die sich schwerer tun, erfolgreich zu sein. Sie kommen dabei, ohne es selbst zu bemerken, in die soziale Isolierung. Sie werden gemieden und ihr Freundeskreis wird einseitig zu Bewunderern, die nicht zu ihrer persönlichen Entwicklung beitragen.

Ich habe einen CEO einer größeren Versicherung erlebt – sehr intelligent, ehrgeizig –, der sehr rasch die Erfolgsleiter nach oben geklettert war. Er begann, alle zu verachten, die nicht so erfolgreich waren wie er. Das führte dazu, dass er auf „die Dummköpfe" in seiner Umgebung herabblickte und eines Tages sogar krumme Geschäfte machte, nach dem Motto: Das kriegen die sowieso nicht mit! Er verkaufte über einen Strohmann Immobilien überteuert an die eigene Gesellschaft. Die Richter, denen er eines Tages gegenüberstand, schickten ihn für mehrere Jahre hinter Gitter.

Erfolg kann zur Droge werden, wenn wir suchtartig immer mehr erreichen wollen. Misserfolg holt uns zurück in die Welt der Begrenzungen und heilt uns von Größenwahn und Egotrips. Wie überall gilt auch hier der Satz des Hl. Benedikt: **„Das rechte Maß ist die Mutter aller Tugenden."**[29]

Bekommen und Konsum haben keine Segensfunktion. Kinder, die alles bekommen, was sie möchten, lernen nicht, zu verzichten und Unlustgefühle zu verarbeiten. Die „Diesel"-Jeans, die „Nike"-Turnschuhe, das neueste iPhone – jeglicher Konsum, der dem Prestige, unserer Gier oder einem kurzfristigen Genuss dient, bringt allenfalls sehr kurzfristige Glücksgefühle und ist damit keinesfalls segensreich, im Gegenteil. Ein anhaltendes und unsere Entwicklung förderndes Glücksempfinden entsteht nicht durch das, was wir uns „leisten können", sondern durch das, was wir **leisten**. Wir haben Ziele, sind diszipliniert, sind erfolgreich und stecken Misserfolge ein.

[29] Regel des Hl. Benedikt 64:19

Oft zeigt sich der Segen, wenn etwas misslingt oder wir etwas nicht bekommen, erst im Nachhinein. Was im ersten Moment als schwer und leidvoll erscheint, wird im Rückblick zum Segen. Misserfolge sind ungeplante Erfolge, bei denen wir den Segen, der darin liegt, noch nicht sehen. Wir können uns für den **möglichen** Segen öffnen mit den altbekannten Sätzen: **„Wer weiß, wozu das noch gut sein wird?“** oder **„Wer weiß, was mir dadurch erspart bleibt!?“.**

Eine Geschichte aus dem alten China veranschaulicht, wie sehr wir mit unseren Bewertungen – Glück und Unglück – danebenliegen können: In einem chinesischen Dorf wachte frühmorgens ein Bauer auf und sah zu seiner Freude im Garten ein Wildpferd, das ihm zugelaufen war. Da kamen die Nachbarn und sagten: „Was bist du für ein Glückspilz, dass dir ein Pferd zuläuft.“ Der Bauer erwiderte gelassen: „Wer weiß, wozu es gut ist.“ Als am nächsten Morgen der Bauer wieder in den Garten sah, war das Pferd verschwunden, es war über den Zaun gesprungen, in die Freiheit. Da kamen die Nachbarn und sagten: „Wir haben es uns gleich gedacht, das Pferd war dir nicht vergönnt.“ Da sagte der Bauer gelassen: „Wer weiß, wofür es gut ist.“ Anderentags, als der Bauer früh aufwachte, war das Pferd zurückgekommen. Es war ein Hengst und er hatte nun noch eine Stute und ein Fohlen mitgebracht. Da kamen aufgeregt die Nachbarn gelaufen und riefen: „Du bist doch ein Glückspilz, jetzt hast du drei Pferde.“ Der Bauer erwiderte nur gelassen: „Wer weiß, wofür es gut ist.“ Am nächsten Tag versuchte der Sohn des Bauern die Pferde einzureiten, er wurde abgeworfen und brach sich beide Beine. Da kamen die Nachbarn und sagten: „Siehst du, die Wildpferde bringen dir nur Unglück. Dein Sohn, die Stütze deines Alters, ist jetzt ein Krüppel.“ Der Bauer erwiderte gelassen: „Wer weiß, wofür es gut ist.“ Ein paar Tage später kamen die Beamten des Kaisers, um Soldaten auszuheben. Im Dorf war großes Wehklagen, denn alle wussten, dass die wenigsten Männer aus dem Krieg zurückkommen würden. Den Sohn des Bauern konnten die Beamten jedoch nicht mitnehmen. Da sagte der Bauer: „Wer weiß, wozu es gut ist." …

Ein altes jüdisches Sprichwort kann uns trösten: **„Wen Gott bestrafen will, dem erfüllt er alle seine Wünsche."** Auch ein Misslingen kann sich im Nachhinein als Segen erweisen. Unsere Pläne und Ziele werden durchkreuzt und wir sind im ersten Moment enttäuscht oder wütend. Im Nachhinein stellen wir aber fest, dass dies zu unserem Wohl ausging. Eine höhere Macht hat die Dinge entgegen unserem eigenen Streben und Wollen zu unserem Wohl geordnet.

So erzählte mir vor Kurzem ein Bekannter, dass er wegen einer Erkrankung eine Himalaja-Bergtour in Nepal vorzeitig abbrechen musste – und mit ihm auch die ganze Gruppe. Das war für alle ärgerlich, aber auch verantwortungsbewusst, denn mit hohem Fieber wollte er sich – und dadurch auch die anderen – keinen Extremsituationen aussetzen. Eine halbe Stunde nachdem die Gruppe die sichere Tiefebene erreicht hatte, setzte ein verheerendes Erdbeben ein, das Zigtausende Todesopfer forderte, unter ihnen auch zahlreiche Bergsteiger. Diese Entscheidung, gemeinsam die Tour abzubrechen, erwies sich im Nachhinein als Segen für alle Betroffenen.

Eine Einladung

(FA) Fertigen Sie eine Tabelle mit drei Spalten zu diesen Überschriften an: Ereignis, erlebte Gefühle, Lern- und Entwicklungsprozess.

Erinnern Sie sich spontan an Misserfolge in Ihrem Leben und notieren Sie die entsprechenden Situationen untereinander in die erste Spalte:

- Worin haben Sie versagt?
- Was ist Ihnen misslungen?
- Womit sind Sie in Bezug auf sich selbst unzufrieden?
- Hadern Sie in einer Sache noch mit sich?

...

Lassen Sie alle damit verbundenen Gefühle zu und notieren Sie diese hinter den Situationen in die zweite Spalte:

- Wut, Scham, Trauer

...

Überlegen Sie nun, welcher Segen für Sie in diesen Misserfolgen liegen könnte. Ergründen Sie, welche anderen Qualitäten daraus erwachsen könnten und tragen Sie diese ebenfalls neben den Misserfolgen in die dritte Spalte ein:

- eigene Begrenzungen annehmen
- Impulse für mehr Disziplin

- das Leben gelassener angehen,
- Ansprüche an sich selbst reduzieren

…

Reflektieren Sie abschließend, welche Misserfolge bisher zu Ihrer Entwicklung beigetragen haben, wie Sie das jeweils erlebt haben und wie Sie das heute sehen.

Im Alltag: Wenn etwas schiefgegangen ist, können Sie das einfach segnen, z. B. mit den Worten: „Ich kann den Sinn und den Nutzen dieses Geschehens nicht erkennen, aber ich segne das alles und bitte (Gott, meinen Schutzengel, …), dass daraus Gutes für mich und für alle Beteiligten erwächst."

Wenn Sie einen schrecklichen Tag hatten, dann segnen Sie einfach den ganzen Tag. Sie können dazu Sätze formulieren wie: „Auch, wenn ich völlig unzufrieden bin, wie dieser Tag verlaufen ist, segne ich ihn und vertraue darauf, dass dies alles zu meinem Besten geschah. Ich weiß, dass ein Segen darin liegt, auch wenn ich das noch nicht sehen kann."

Eine wärmende Sprache

(FA) In zahllosen Managementkursen wird gelehrt, dass Wertschätzung und Anerkennung eine starke positive Wirkung auf das Miteinander und die Motivation von Mitarbeitern haben. Wenn wir also auch im beruflichen Kontext den Menschen etwas Gutes sagen, geht es ihnen gut.

Gute Worte sind immer segensreiche Worte.

Der Hl. Benedikt weist in seiner Regel, nach der die Benediktiner seit 1500 Jahren wirtschaftlichen Erfolg und geistiges Leben verbinden, den Cellerar an: **„Kann er einem Bruder nichts geben, dann schenke er ihm wenigstens ein gutes Wort."**[30]

(AG) Der Hl. Benedikt begründet das Verhalten des Cellerars, dem Mitbruder wenigstens ein gutes Wort zu sagen, mit einem Vers aus dem Buch Jesus Sirach: **„Ein gutes Wort geht über die beste Gabe."**[31] Das Buch Jesus Sirach ist ein Weisheitsbuch, das jüdische und griechische Weisheit miteinander verbindet; Benedikt bezieht sich oft darauf. Er möchte mit seiner Regel Weisheit weitergeben. Und ein gutes Wort zu sagen – das entspricht ja dem „benedicere" –, ist ein Zeichen von Weisheit. Weisheit ist die Bedingung dafür, dass das Leben gelingt. Die Weisheit will einen Weg zeigen, wie wir auf gute Weise leben können.

[30] Regel des Hl. Benedikt 31:13

[31] Sirach 18:16 f.

In meinen Führungsseminaren lege ich immer Wert auf die Sprache. Welche Sprache sprechen wir in einer Firma? Eine kalte, verletzende, verurteilende, entwertende Sprache? Oder aber eine wärmende, ermutigende, wertschätzende Sprache? Die Kirchenväter sagen: Mit der Sprache bauen wir ein Haus. Eine kalte Sprache baut ein Haus, in dem niemand sich wohlfühlen wird. Eine wärmende Sprache dagegen baut ein Haus, das zum Segen wird für die Menschen. Von Jesus sagten die Emmausjünger: **„Brannte uns nicht das Herz in der Brust, als er unterwegs mit uns redete (…)?“**[32] Diese wärmende Sprache regte die Jünger an, Jesus zu bitten, dass er mit ihnen in ihr Haus einkehre. Und dort machten sie die wunderbare Erfahrung, dass in diesem Menschen der Auferstandene selbst mit ihnen sprach. Eine wärmende und liebevolle und wertschätzende Sprache kann zu einer Erfahrung von Auferstehung mitten im Alltag führen. Da werden auf einmal „harte Herzen“ aufgebrochen und Konflikte lösen sich auf. Man wagt, aufzustehen und auf neue Weise aufeinander zuzugehen.

[32] Lukas 24:32

Eine Einladung

(FA) Probieren Sie es aus; machen Sie jetzt oder in Kürze folgenden Versuch:

Überlegen Sie, wer in ihrer Nähe etwas gut gemacht hat, mitgedacht hat, zuverlässig war oder einfach etwas Gutes beigetragen hat. Gehen Sie zu ihm und sagen Sie ihm, was Ihnen gefallen hat und wie Sie das empfunden haben. Beobachten Sie seine Mimik, seine Augen. Sie werden die Freude erkennen, die Sie in demjenigen mit wenigen Sätzen ausgelöst haben.

Glauben hilft

(FA) Den Segen „von oben" – die Hilfe durch Ereignisse, die wir nicht selbst geleistet haben, und das, was wir Fügung oder Gnade nennen –, schreiben wir einer höheren Macht zu. Zufall ist, wie das Wort schon sagt, das, was uns „zufällt". Wer hat es verursacht? Das ist mit dem Intellekt nicht zu fassen. Es führt in den Glauben, auch an einen Schutzengel oder an Heilige, an die wir uns wenden mit der Bitte um Segen. In Wallfahrtskirchen können wir immer wieder den Satz lesen: „Maria hat geholfen."

Der Bestseller von Bärbel Mohr, „Bestellungen beim Universum", laut Covertext „ein Handbuch zur Wunscherfüllung", verspricht dem Anwender der Methoden Erfolg auf allen Ebenen durch das Anrufen der Macht des Universums. Im Internet gibt es begeisterte Berichte von außergewöhnlichen Erfolgen mit dieser Methode. Bärbel Mohr starb 2010 im Alter von nur 46 Jahren an Krebs, hinterließ einen Mann und ihre damals neunjährigen Zwillinge. Für mich zeigt das sehr deutlich, dass der in unserer Gesellschaft wuchernde Machbarkeitswahn, der auch die geistige Dimension berührt, klare Grenzen hat. Ich kann mir nicht vorstellen, dass Frau Mohr sich diesen frühen Tod und das damit verbundene Leid für ihre Angehörigen beim Universum „bestellt" hat, sondern sicherlich Gesundheit und Wohlergehen. Warum hat ihre Methode dann bei ihr nicht funktioniert?

Mentale Techniken funktionieren, nicht nur im Sport, sondern überall. Sie sind aber keine Wege zu einer unbegrenzten Wunscherfüllung, sondern Wege, um unsere geistigen Kräfte zu schulen, um unbewusste Blockaden auszuhebeln und auch, um unser Unterbewusstsein zu „programmieren".

In der Bibel begründet Jesus seine Wunderheilungen oft mit dem Satz: „Dein Glaube hat dir geholfen." Beispielsweise heißt es im Matthäusevangelium: **„Jesus wandte sich um, und als er sie**

sah, sagte er: Hab keine Angst, meine Tochter, dein Glaube hat dir geholfen. Und von dieser Stunde an war die Frau geheilt.“[33] Aber auch bei den Evangelisten Markus und Lukas finden wir den Hinweis auf die Bedeutung des Glaubens.

(AG) Jesus wirkte seine Wunder nicht als Zauberer, der alle Probleme und Krankheiten wegzauberte. Die Heilung geschah bei Jesus immer in der Begegnung. Begegnung aber meint, dass ich auch mir selbst begegne, dass ich meiner eigenen Bedürftigkeit begegne und auch meinem Wunsch, ein spirituelles Zaubermittel zu haben, mit dem ich alle Krankheiten überwinden kann. Aber wie das Beispiel von Bärbel Mohr zeigt, führt so ein Machbarkeitswahn unter Umständen in die Frustration. Schlimmer noch, man macht jemandem Schuldgefühle, wenn er nicht gesund wird. Er hat eben zu wenig geglaubt und deshalb hat die Methode nicht geholfen. So zu schlussfolgern, ist ein gefährliches Unterfangen.

Jesus strahlte offensichtlich ein so starkes Vertrauen aus, dass dieses Vertrauen auf die Menschen wirkte, die sich ihm im Glauben öffneten. Von Jesus heißt es aber auch nach seiner „Antrittsrede“ in Nazareth, bei der er auf die Ablehnung seiner Mitbürger stieß: **„Und er konnte dort kein Wunder tun; nur einigen Kranken legte er die Hände auf und heilte sie. Und er wunderte sich über ihren Unglauben.“**[34]

Es ist immer ein Geheimnis, wenn ein Wunder der Heilung geschieht.

[33] Matthäus 9:22

[34] Markus 6:5 f.

Wer Jesus zutraut, dass er die Kraft des Geistes in die Krankheit einströmen lässt, der kann oft Heilung erfahren. Aber diese Heilung muss nicht immer so aussehen, wie wir uns das vorstellen. Es geschieht auch Heilung, wenn wir mit einer neuen Einstellung unsere Krankheit akzeptieren und sie als Chance inneren Reifens sehen können.

Im Alten Testament scheint eine sehr magische Vorstellung von Segen und Fluch vorzuherrschen. Magie in dem Sinn, dass Segen und Fluch automatisch wirken, gleichsam wie ein Pfeil, der einen trifft. Im magischen Verständnis sind Fluchworte direkt mit einer Energie „aufgeladen", gegen die sich die Menschen damals nicht wehren konnten. Sie waren ihnen hilflos ausgesetzt.

Wir dürfen das heute nicht magisch erklären, sondern psychologisch. Worte fallen in die Seele und treffen dort die wunden Punkte. Gute und segnende Worte senken sich in den Menschen ein, der dafür offen ist – der „glaubt" – und wirken heilsam auf ihn. Negative Worte aber machen dem Menschen Angst. Er denkt: Vielleicht kann das negative Wort doch Wirklichkeit werden. Und diese Offenheit für die negative Wirkung hat dann auch negative Folgen. Oft tritt dann ein, was ein anderer in seinem Fluch gesagt hat. Aber das geht nicht automatisch, sondern nur über die Offenheit des Menschen, der natürlich nie eine absolute Gewissheit hat, dass Gottes Segen ihn schützt. Doch wer sich auch angesichts negativer Äußerungen auf den Segen Gottes berufen und vertrauen kann, bei dem haben die Fluchworte keine Chance, ihn negativ zu beeinflussen. Psychologisch kann sich der Mensch gegen Fluchworte wehren.

So kann es eine heilsame Übung sein, den Segen Gottes in uns eindringen zu lassen.

Wir halten Gott unsere Krankheit hin und stellen uns vor, wie sein Segen in die Krankheit eindringt.

Wir halten Gott unsere Angst, unsere Depression, unsere Probleme hin und stellen uns vor, wie sein Segen dort hineinströmt. Wenn ich den Segensstrom Gottes in allem, was in mir ist, fließen lasse, dann erlebe ich mich anders. Dann habe ich vor nichts in mir Angst. Ich vertraue darauf, dass alles in mir verwandelt werden kann. Aber ich bin nicht darauf fixiert, dass sofort jede Krankheit verschwindet oder sich jedes Problem von alleine auflöst.

Eine Einladung

(FA) Stellen Sie sich eine Arbeit vor, zu der Sie überhaupt keine Lust haben und die Sie schon lange vor sich herschieben, z. B. einen Stapel „alte Unterlagen" endlich zu sortieren und zu erledigen.

- Nun lehnen Sie sich zurück und schließen die Augen.
- Bestimmen Sie einen geeigneten Zeitpunkt in naher Zukunft.
- Stellen Sie sich nun vor, wie Sie Blatt für Blatt den Stapel bearbeiten, Papiere wegwerfen, andere ablegen und wie nach einiger Zeit alles am richtigen Platz ist.
- Beobachten Sie Ihre Gefühle: Wie geht es Ihnen, wenn Sie auf den leeren Platz schauen, an dem eben noch der Stapel lag? Genießen Sie das Gefühl, es „geschafft" zu haben.

Nun geben Sie Ihrem Unterbewusstsein den Auftrag, es **genau so** oder **noch besser** in die Wege zu leiten. *(Die Formulierung „genau so oder noch besser" ist sehr wichtig: Vielleicht hat Ihr Unterbewusstsein eine bessere Lösung, die Sie behindern würden, wenn Sie sich auf Ihre gedankliche Lösung beschränken.)*

Sie können die Formel noch ergänzen: „Zu meinem Wohl und zum Wohle aller Wesen." Das impliziert das mögliche Gute, das Sie damit allen wünschen. Mit dieser und ähnlichen Techniken stärken Sie Ihren Glauben an sich selbst und an Ihre Fähigkeiten.

Worte wirken

(FA) Worte sind nicht Schall und Rauch, sie haben Wirkung, d. h., sie verändern die Wirklichkeit, unser Erleben, unser Denken und sogar die Materie. Sprachwissenschaftler wissen das schon sehr lange. Ein Psychotherapeut benutzt Worte, um zu heilen. Die Wirkung von Worten kann heilsam und heilend sein oder auch zerstörerisch.

Worte können stärken oder schwächen.

Jeder Mensch übt mittels Sprache Macht aus, er kann belohnen und belobigen oder strafen und tadeln. Wenn wir jemanden oder etwas segnen, dann benutzen wir die Sprache, also bestimmte Begriffe. Diese beinhalten das erwünschte Gute und wenden sich auch an die Kräfte, die dazu beitragen, Gutes zu erreichen. Oft sind es auch Formeln, die gerade durch ihre Wiederholung immer mehr an Kraft gewinnen. Eine bedeutende Formel der christlichen Kirchen lautet: **„Ich segne dich im Namen des Vaters, des Sohnes und des Heiligen Geistes.“** Sie wird jedes Jahr millionenfach von Geistlichen, aber auch von gläubigen Menschen gesprochen.

Mit Worten erzeugen wir Schwingungen. Das sind Wellen, die subtil auf die Wirklichkeit Einfluss nehmen. Wir können sogar körperlich spüren, welche Worte und Formulierungen uns guttun und welche wir als belastend oder verletzend erleben. Sätze wie „Du bist ein Segen!“; „Du bist ein Engel!“ oder einfach „Es ist schön, mit dir zusammenzuarbeiten“ lösen Freude aus. Wir können uns dabei entspannen und sie tun uns gut. Umgekehrt sind Formulierungen wie „Ich kann dich nicht ausstehen!“ oder „Das ist Mist!“ usw. verletzend. Sie schwächen und belasten uns.

„Heilig", „heilend", „heil" – das bedeutet gesund, unversehrt, ganz. Das Heilige ist damit das Vollständige, Unversehrte, und das Unheil ist das Unvollständige, Zerstörte oder Untaugliche. Von daher sollten wir uns immer fragen, ob unsere Worte dem Heilwerden dienen und damit Segen bringen.

Der Japaner Masaru Emoto machte in Zigtausenden faszinierenden Experimenten deutlich, dass einzelne Worte, aber auch Musik und Gebete, sogar das Wasser „verändern". In seinen Versuchen wurde Wasser in mehrere Flaschen abgefüllt und unterschiedlichen Informationen ausgesetzt. Die Flaschen wurden mit verschiedenen Aufschriften etikettiert – beispielsweise „Danke", „Liebe" oder „Teufel", „Krieg" usw. – und dann über mehrere Stunden so stehen gelassen. Anschließend wurde das Wasser gefroren und 200-fach vergrößert fotografiert. Emotos Makroaufnahmen von Eiskristallen zeigten vollständige, harmonische und schöne Kristallstrukturen, wenn das Wasser vor dem Gefrieren positiv „informiert" wurde. Wenn negative Begriffe verwendet wurden, sahen die Kristalle deformiert, unvollständig, hässlich und disharmonisch aus.

Ähnliche Ergebnisse erzielte Emoto mit seinem Team, als er Wasser der Information unterschiedlicher Musik aussetzte: Mozart, Chopin, Beethoven, Bach „bildeten" schöne Kristalle, wogegen Heavy-Metal-Musik zu keiner erkennbaren Kristallstruktur führte.

Experimente[35] mit Gedanken führten ebenfalls zu vergleichbaren Ergebnissen: Emoto bat beispielsweise einmal 500 Personen zu einer bestimmten Zeit den Gedanken **„Chi und Seele der Liebe"** an ein konkretes Glas Wasser zu senden, das vor ihm selbst auf dem Tisch stand. Die gefrorenen Kristalle aus diesem Wasser waren von ausnehmender Schönheit. Viele besonders schöne Aufnahmen verschiedener Emoto-Wasserkristalle sind übrigens im Internet[36] zu bewundern.

[35] http://www.menetekel.de/seminare/kristall/kristall.htm (aufgerufen am 26.03.2017)

[36] Suchwort: Emoto Bilder

Die Forschungsergebnisse von Emoto werden von Wissenschaftlern heftig kritisiert. Die Theorie von Emoto, dass Wasser auf Informationen reagiert, die als geschriebene oder gesprochene Worte, als Musik oder auch als Gedanken auf das Wasser einwirken, entspricht jedoch den Erkenntnissen der Quantenphysik: Der Versuchsleiter selbst verändert durch seine Anwesenheit und seine Gedanken das Experiment. Es gibt keine vom Beobachter unabhängige Wirklichkeit. Wenn also Menschen einem Versuch beiwohnen, ihn durchführen oder ihm kritisch, zweifelnd gegenüberstehen bzw. das Misslingen vielleicht sogar wünschen, wirkt sich das direkt auf den Versuch aus. Das würde erklären, dass diese Experimente von Kritikern nicht wiederholt werden konnten.

Ein altes Sprichwort sagt: **„Was kränkt, macht krank."** Worte können die Kraft haben, auf den Hörer einzuwirken und etwas in ihm zu verändern. Worte können uns in der Seele berühren. Viele berühmte Persönlichkeiten haben oft mit einem einzigen Satz die Herzen der Zuhörer erreicht wie beispielsweise John F. Kennedy in Berlin: „Ich bin ein Berliner" oder Martin Luther King: „Ich habe einen Traum".

Noch intensiver ist oft eine dichterische Sprache, die tief in uns etwas zum Schwingen bringt, Worte, die wir im Alltag rezitieren, wenn wir etwas Besonderes ausdrücken wollen. Beispielsweise das Gedicht „Stufen" von Hermann Hesse, mit dem berühmten Satz: **„Und jedem Anfang wohnt ein Zauber inne, der uns beschützt und der uns hilft, zu leben."**

Bewusst gewählte Worte können zum Segen werden, wie umgekehrt unbedachte Worte Schaden und Leidvolles nach sich ziehen können. Oft ist es erforderlich, dass wir uns nicht vom ersten Ärger leiten lassen, sondern bewusst Worte wählen, die eher aufbauen als verletzen. Es geht dabei nicht darum, etwas zu beschönigen – ein Fehler ist ein Fehler –, sondern es geht um die Klarheit des Bezugs: Rede ich von einem Menschen oder von einem Ereignis? Der Mensch hat Würde und braucht Zuwendung und Anerkennung, manchmal auch Trost und Verständnis. Auf der Sachebene gibt es Fehler und Versagen, die nicht unter den Tisch gekehrt werden dürfen.

Eine segensreiche Sprache kommt aus der Liebe zum Menschen und folgt einer Grundregel der Kommunikationslehre. Wenn wir über Gefühle und Erleben reden, dann gehen wir von meinem Erleben aus und meinem Gefühl. Wir sagen: „Ich habe mich geärgert“ oder „Ich bin enttäuscht“ Die Sprachform ist dann eine Ich-Botschaft. Ich spüre, ich erlebe, ich fühle etwas. Ich bleibe sprachlich bei mir, ohne den anderen zu involvieren oder sogar zu attackieren, wie es durch das Wörtchen „du“ („Sie“) bewirkt würde. „Du hast mich geärgert“ klingt völlig anders als „Ich habe mich geärgert“.

Der Auslöser für „unser“ Erleben ist ein Ereignis, das wir immer ohne Wertung beschreiben können. Damit öffnen wir eine Tür, um das jetzt mögliche Gute anzusteuern. Ein Beispiel: Der Satz „Der Bericht wurde nicht fristgerecht erstellt“ beschreibt einen Sachverhalt, wie ihn jeder andere auch feststellen hätte können. Wenn wir auf das beliebte Spiel „Vorwurf-Rechtfertigung“ verzichten, können wir sofort lösungsorientiert denken und handeln. Friedemann Schulz von Thun, Marshall Rosenberg und andere Kommunikationsexperten haben diese Art des Denkens und Redens ausführlich beschrieben.

(AG) Dass ein Wort eine heilende Wirkung haben kann, wird in der Liturgie in dem Gebet vor der Kommunion deutlich. Es lautet: **„Herr, ich bin nicht würdig, dass du eingehst unter mein Dach. Aber sprich nur ein Wort, so wird meine Seele gesund.“** Allerdings ist dieses Gebet häufig Missverständnissen ausgesetzt, denn viele verbinden mit diesem Gebet ihre persönlichen Erfahrungen von Entwürdigung oder von Entwertungen. Viele assoziieren mit diesen Worten, sie seien nicht würdig, die Kommunion zu empfangen, weil sie Sünder sind. Aber das ist eine sehr subjektive Interpretation.

In der Bibel sagt das zugrunde liegende Wort[37] nämlich ein Mann mit viel Selbstvertrauen, der Hauptmann von Kafarnaum. Wenn er zu einem Soldaten sagt „Komm!", dann kommt er. Und wenn er sagt „Geh!", dann geht er. Aber er will Jesus nicht bemühen, in sein Haus zu kommen. Er traut ihm zu, dass er mit einem einzigen Wort seinen Knecht zu heilen vermag. Dieses vertrauensvolle Wort sprechen wir vor der Kommunion. Wir essen das fleischgewordene Wort Jesu in der Hostie. Essen ist die intensivste Form von Integration.

Das Wort soll nicht nur den Kopf berühren,
sondern in den ganzen Leib eindringen.

Aber von diesem Wort erhoffen wir, dass es unsere Seele gesund macht, dass es alle Wunden verwandelt und heilt. Es ist also ein Wort voller Vertrauen in die heilende Wirkung eines Wortes. Jesu Worte, die wir im Evangelium gehört haben, werden jetzt in der Kommunion verinnerlicht, sodass sie Leib und Seele durchdringen und heilen.

[37] Matthäus 8:8

Eine Einladung

(FA) Es ist keine leichte Aufgabe, sich selbst beim Sprechen zu beobachten, um zu erkennen, welche Worte und welche Sprache man selbst benutzt.

Sie können daher andere bitten, Ihnen ein ehrliches Feedback darauf zu geben, was und wie Sie etwas sagen und wie es auf sie wirkt.

Einfacher ist es beispielsweise, schriftliche Redebeiträge vorzubereiten, etwa für Meetings. Sie können vor dem Auftritt in Ruhe prüfen, ob die Sprache den Regeln, die Sie sich gesetzt haben, genügt. Sie können auch hier andere bitten, Ihnen eine Rückmeldung zu geben.

Ich-Botschaften sind gut, um Ihr Erleben, Ihre Gefühle zu beschreiben. „Ich bin jetzt etwas irritiert" klingt ganz anders als „Sie erzählen Unsinn!".
Trennen Sie Ihr subjektives Erleben vom Sachverhalt, indem Sie diesen objektiv beschreiben: „Das ist passiert" oder „Das ist gesagt worden". Beides darf sich nicht vermischen.

Viele gute Anregungen finden Sie u. a. in den Büchern zur Kommunikationspsychologie von Friedemann Schulz von Thun und zur Gewaltfreien Kommunikation von Marshall Rosenberg.

Segnen und Weihen

(FA) In unseren gemeinsamen Kursen im Haus Benedikt haben wir den Teilnehmern angeboten, den Kurs mit einem Gottesdienst abzuschließen, was von den Teilnehmer immer sehr begrüßt wurde. Am Ende des Gottesdienstes segnete Pater Anselm Gegenstände der Teilnehmer auf dem Altartisch: Engelsfiguren, Ringe, Anhänger u. v. m.

Was versprechen sich die Leute davon? Ein Priester spricht ein Segensgebet. Wozu? Es wird der Segen Gottes auf den Gegenstand übertragen. Ein Gegenstand wird zum Träger dieser göttlichen Heilswirkung. Viele Menschen tragen geweihte Gegenstände bei sich, um sich der Hilfe Gottes zu versichern.

(AG) Wenn ich die Kursteilnehmer einlade, dass sie einen Gegenstand auf den Altar legen, damit ich ihn segne, versuche ich immer zu erklären, was das bedeutet. Das Segnen von Gegenständen hat nichts mit Magie zu tun. Aber es hat für mich einen zweifachen Sinn: Der erste Sinn besteht darin, dass der gesegnete Gegenstand einen Menschen auch im Alltag daran erinnert, dass Gottes Segen ihn begleitet.

Gesegnetes bringt den Segen Gottes in den Alltag hinein.

Der zweite Sinn: Gott spricht nicht nur durch Menschen zu uns und nicht nur durch die Bibel, sondern auch durch Dinge. Jesus drückt seine Beziehung zu uns aus, indem er sich mit Dingen identifiziert: Er ist der „wahre Weinstock“, das „lebendige Brot“.

Segnen heißt, gute Worte über die Dinge zu sagen. Die Worte sagen, was die Dinge mir zusprechen möchten. Wenn ich z. B. einen Ring segne, so bitte ich Gott, dass er mich ganz und rund werden lässt wie diesen Ring. Und dieser Ring, den ich dann trage, erinnert mich täglich daran, dass Gott das in mir zusammenbringt, was ich gerade nicht zusammenfügen kann, dass Gott bei mir ist, auch wenn ich gerade nicht bei mir bin. Oder wenn ich einen Anhänger trage, der gesegnet ist, erinnert er mich daran, dass Gott selbst mir „anhängt" und mit mir alle Wege geht. Oder wenn ich eine Uhr segne, dann erinnert mich die Uhr daran, dass jeder Augenblick ein gesegneter Augenblick ist, ein Augenblick, der Segen bringen kann. Und die Uhr ermahnt mich, ganz im Augenblick zu sein, ganz achtsam gerade dort zu sein, wo ich gerade bin, und bei dem zu sein, was ich gerade tue.

Es gibt einen Unterschied zwischen Segnen und Weihen: Wenn wir den Ring segnen, tragen wir ihn im Alltag. Wenn wir etwas weihen, wird es dem Machtbereich der Welt entzogen. Eine Kirche wird geweiht und dem weltlichen Einfluss entzogen. Manchmal verwenden wir die Worte „segnen" und „weihen" in ähnlicher Weise. Doch wenn wir etwas weihen, dann vermittelt uns der geweihte Gegenstand das Gefühl, dass da ein Freiraum in unserem Leben ist. Die geweihte Kerze bringt in unser Haus, sobald wir sie anzünden, eine Atmosphäre von Freiheit. Da entsteht ein Raum des Segens, der von der Welt nicht gestört werden kann. Er ist geschützt, weil er dem Machtbereich des Alltäglichen entnommen ist. Und es tut uns gut, wenn wir spüren:

Was geweiht ist, darüber kann die Welt nicht verfügen.

Das gibt uns einen Raum zum Atmen. Wir selbst – so sagt der geweihte Gegenstand – sind dem Machtbereich der Welt entzogen. In uns ist etwas, worüber die Welt keine Macht hat.

Eine Einladung

(FA) Geweihte Dinge sind Helfer im Alltag, die uns mit der anderen, geistigen Welt verbinden. Wir können das Geweihte nutzen, um den darin verborgenen Segen zu uns zu holen.

- Sie können geweihtes Wasser – „Weihwasser“ – von der Kirche bekommen und damit Ihre Kinder beim Verlassen des Hauses segnen.

- Sie können geweihte Personen – Priester, Ordensleute – bitten, einen Gegenstand zu segnen, den Sie im Haus, im Büro platzieren oder am Körper tragen und der Sie im Alltag unterstützt.

- Sie können einen geweihten Platz selbst einrichten, z. B. einen kleinen Hausaltar aufstellen, an den Sie sich zur Andacht zurückziehen können. Altbewährt sind in vielen Wohnungen die Kruzifixe an den Wänden.

- Am Fest der Hl. Drei Könige bieten die Sternsinger an, an der Haustür den Segensspruch anzubringen: **„Christus Mansionem Benedicat“** (Christus segne dieses Haus). Dazu wird das Jahr geschrieben: **„20 C M B 17“**.

In uns ist etwas,
worüber die Welt
keine Macht hat.

Von der Fehlerkultur zur Segenskultur

Loben und Vorleben

(FA) Wir segnen etwas oder bitten um den Segen, damit etwas gelingt, damit es gut ausgeht. Damit Beziehungen und Zusammenarbeit gelingen, brauchen wir nur „benedicere“, dem anderen etwas „Gutes sagen“. Ich mache gerne in Kursen und bei Vorträgen ein Experiment. Ich bitte die Anwesenden, ihrem Nachbarn etwas Nettes zu sagen und diesen dabei zu beobachten. Das ist oft nur ein schlichter Satz wie: „Schön, dass Sie da sind.“ Es geht den meisten Leuten danach sichtbar besser. Sehr intensiv ist diese Erfahrung auch in Kursgruppen von vier oder fünf Personen, wenn jeder jedem eine positive Rückmeldung gibt über etwas, das ihm am anderen positiv aufgefallen ist, am besten eine konkrete Beobachtung. Die Menschen sind dann oft tief berührt.

Es ist so simpel und so einfach, und es wird erschreckend wenig genutzt. Wir segnen unsere Kollegen nicht, sondern beschränken uns auf Sachinformationen und auf Kritik. Das, was nicht gelungen ist, wird angeprangert. Noch schlimmer ist es, wenn jemand seine Arbeit gut macht und wir das als selbstverständlich betrachten. Dann gibt es zwar keinen Anlass zur Kritik, aber der Mitarbeiter erhält überhaupt keine Rückmeldung und Zuwendung. Kommunikation wird auf „maledicere“, Schlechtes sagen, begrenzt. Und wenn es dazu keinen Anlass gibt, gilt die schwäbische Formel: „Net gschänd is globt gnug“ oder auf Hochdeutsch: „Die Abwesenheit von Tadel ist des Lobes genug.“

Die Psychologie weiß, dass Nichtbeachtung die schlimmste Form von Strafe ist. In vielen Unternehmen wird das aber ständig praktiziert, oft mit merkwürdigen Begründungen und manchmal ist es sogar offizieller Teil der Unternehmenskultur.

Eine Frau, die 30 Jahre lang in einem bekannten Konzern gearbeitet hatte, musste aus Gesundheitsgründen die Stelle aufgeben und nahm eine Teilzeitstelle in einem kleinen Büro an. Sie erhielt vom Inhaber rasch Anerkennung und Würdigung für ihre gute Arbeit, ihre umsichtige Art und ihr Engagement. Es waren nur wenige, aber offensichtlich ehrliche Sätze. Tief bewegt sagte sie zu ihrem neuen Chef, so etwas habe sie in den 30 Jahren bei ihrer alten Firma nie erlebt.

Viele Unternehmen sind stolz auf ihre Fehlerkultur. Noch wichtiger ist jedoch eine Segenskultur: Es gibt Ziele, Projekte und die Hoffnung, dass alles gut gelingen möge. Warum beginnt und beschließt man Zusammenkünfte und Entscheidungen nicht mit einem Segensritual? Einfach über das Gute reden, über die Fähigkeiten, die von Einzelnen eingebracht wurden und werden. Man darf auch Gottes Segen für ein Wagnis, für eine mutige Entscheidung und andere profane Dinge erbitten.

Wenn wir den aaronitischen Segen auf Betriebe und Organisationen übertragen würden, dann erschiene das auf den ersten Blick etwas schräg: „Der Chef lasse sein Angesicht leuchten über dir!“ Eine angemessene heutige Version dieser alten Segensformel könnte aber durchaus sinnvoll sein und in etwa so klingen: **„Als Chef segne ich dich und sorge gut für dich; als Chef ruht mein Blick liebevoll auf dir und ich verzeihe dir auch Fehler; als Chef wende ich dir mein Angesicht zu und gehe freundlich mit dir um.“**

Das sollte so nicht ausgesprochen werden, es wäre aber eine gute innere Haltung. Der Kern hierbei ist die Zuwendung, der freundliche und liebevolle Blick auf den Menschen. Das ist vor allem eine Aufgabe der Führungskräfte. Eine Volksweisheit besagt: Die Treppe wird von oben nach unten gekehrt.

Für eine Segenskultur braucht es Menschen, die den Wandel vorleben.

Eine spirituelle Lebensformel lautet: **„Gib, was du erhalten möchtest. Segne, was du vermehren möchtest."** Wenn Sie Pünktlichkeit von Ihren Mitarbeitern erwarten, seien Sie selbst pünktlich. Wenn Sie mehr Kreativität von Ihren Mitarbeitern erwarten, dann segnen Sie diese, indem sie Ihnen sagen, worin sie wirklich gut sind.

Nur jemand, der einen inneren, einen geistigen Weg geht und sich selbst erforscht, kann das erreichen. Wir werden nie vollkommen sein, das erwartet auch niemand. Das Bemühen, besser zu werden, an unseren Schwächen und Fehlern zu arbeiten, genügt und wird von anderen gesehen. Eine große Hilfe kann auch eine Begleitung sein, durch einen guten Coach, einen Geistlichen oder einen weisen Freund.

Eine Einladung

(FA) Führen Sie für Ihren Verantwortungsbereich eine Segenskultur mit den folgenden drei Komponenten ein:

Segnen: Schauen Sie auf das Positive und benennen Sie es (benedicere). Praktizieren Sie täglich Wertschätzung, Würdigung und Anerkennung vor allem gegenüber den Menschen, denen Sie begegnen.

Äußere Zeichen („signare", signieren): Machen Sie den geistigen Impuls, die gute Absicht, nach außen sichtbar durch Rituale, Strukturen, Prinzipien, Wertekatalog usw.

Vorbild: Leben Sie das vor, was Sie von anderen erwarten. Setzen Sie sich dort, wo Sie sich entwickeln wollen, selbst konkrete Verhaltensziele, damit Sie zum Segen für sich und andere werden.

Lob stärkt Kinder

(FA) Was würde sich in den Schulen ändern, wenn sich Lehrer auf das Gute konzentrieren und dieses den Schülern und Eltern auch sagen würden? Sie würden nicht mehr die Fehler rot anstreichen, sondern das, was richtig ist, grün. Unsere Schulen haben eine lernfeindliche Fehlerkultur. Der Fokus liegt im gesamten Schulsystem, analog zum Gesellschaftssystem, auf den Fehlern, was als verdeckte Botschaft immer bedeutet: „Du bist dumm."

Gutes sagen, Segnen, geht anders. In der Pädagogik hieße das, sich darauf zu konzentrieren, was der Schüler kann. Wenn dieses Können mit Aufmerksamkeit gefüllt wird, wird es sich steigern; es wird das Selbstbewusstsein erhöhen und damit das Lernpotenzial. Es kommt Freude auf, wenn Gutes gesagt wird. Angenehme Erlebnisse will jeder Mensch wiederholen, so entsteht eine hohe Lernbereitschaft.

Ein mir bekanntes typisches Beispiel der Fehlerfokussierung: Ein Kind – 12 Jahre alt, 6. Klasse Gymnasium – kommt heulend nach Hause. Es bekam in Deutsch die Note 5 für einen Aufsatz, mit der Begründung: „Thema verfehlt!" Obwohl der Aufsatz an sich gut war und das „verfehlte" Thema diskussionsfähig gewesen wäre. Bei dem Kind entstand die Haltung, gar nichts mehr tun zu wollen; seine Lernmotivation war auf dem Nullpunkt. Die Schulnoten des durchaus intelligenten Kindes wurden nach und nach immer schlechter. Es musste eine Klasse wiederholen: „Klassenziel nicht erreicht!" Durch den Zuspruch der Eltern machte das Kind weiter.

Zum Segen wurde dann für dieses Kind ein Physiklehrer, der das Kind förderte, indem er ihm einfach sein Können und Wissen immer wieder bestätigte. Das hat Früchte getragen. Die Facharbeit dieses Schülers zum Abitur in Physik wurde mit einem bayrischen Staatspreis ausgezeichnet. Mit 29 Jahren promovierte dieser ehemalige „Schulversager“ in Physik mit einer ebenfalls prämierten Arbeit.

Wer von Ihnen hat das nicht schon erlebt, wie weh berechtigte und unberechtigte Kritik tut?

Kritik schwächt und nimmt die Lebensfreude; Anerkennung und Lob bauen auf.

Kinder sind in ihrer Entwicklung davon abhängig. Es gibt unzählige engagierte Pädagogen und viele kluge Eltern, die segensreich auf die Entwicklung von Kindern einwirken, indem Sie deren Fähigkeiten erkennen und fördern. Zuwendung und Liebe können ungeahnte Kräfte freisetzen. Umgekehrt können Leistungsanspruch und Überforderung, wenn Eltern ihre Kinder unter Druck setzen und zu viel von ihnen erwarten, zu Ängsten und Blockaden führen.

Dabei ist Anerkennung nur ein Aspekt. Auch die Korrektur von Fehlverhalten hat eine große Bedeutung. Kritik, Tadel, im Extremfall auch Schulverweis, können zum Segen werden. Dafür gibt es aber eine wichtige Bedingung: Es muss zum Wohle des Kindes geschehen. Wenn es aus Liebe und mit Liebe geschieht, ist das durch die Kritik oder Maßnahme hindurch spürbar und kann so eine wichtige Korrektur für die Zukunft bedeuten. Selbst eine harte, strenge Maßnahme kann dem Wohl der Gemeinschaft dienen, wenn jemand andere behindert oder für sie untragbar ist.

In der Regel des Hl. Benedikts gibt es klare Anweisungen an den Abt, wie er mit Fehlern umgehen soll. Am Anfang steht die Ermahnung: **„Er liebe die Brüder und hasse die Fehler."**[38] Damit wird die Liebe zu den Menschen über alles andere gestellt, alles Handeln soll aus der Liebe kommen, auch das Strafen. Der Abt wird aber auch angehalten, Fehler sofort und streng zu strafen: **„Muss er aber zurechtweisen, handle er klug und gehe nicht zu weit; sonst könnte das Gefäß zerbrechen, wenn er den Rost allzu heftig auskratzen will."**[39] Der Abt wird auch angewiesen, die Unverbesserlichen aus der Gemeinschaft auszuschließen mit der Begründung: **„Ein räudiges Schaf soll nicht die ganze Herde anstecken."**[40]

Als Vater von vier gut gelungenen Kindern kann ich aus eigener Erfahrung sagen, was mir wesentlich erscheint:

Ich liebe meine Kinder bedingungslos und habe versucht, ihnen das zu zeigen. Meine Kinder wussten, egal, was sie anstellen, wir sind als Eltern immer für sie da. Sie können immer zu uns kommen und werden unterstützt. Ich habe den Leistungsdruck von ihnen genommen mit dem Satz: „Die Vier ist die Eins des kleinen Mannes." Über bessere Noten habe ich mich dann sehr gefreut. Meine Haltung war davon bestimmt, Leistungen anzuerkennen und bei Misserfolgen zu trösten. Schule sollte irgendwie bewältigt werden. Daneben war mir das Sozialverhalten sehr wichtig. Ein Ruderclub mit Gemeinschaftserleben, sportlichem Ehrgeiz, Umgang mit siegen und verlieren, Trainingsdisziplin usw. wirkte beispielsweise mehr als segensreich. Musizieren war ein anderer Segen für ein weniger sportliches Kind.

[38] Regel des Hl. Benedikt 64:11
[39] Regel des Hl. Benedikt 64:12
[40] Regel des Hl. Benedikt 28:8

Eine Einladung

(FA) Es gibt unzählige Ratgeber für Eltern – auch gute! Ein paar einfache Grundregeln:

- Lieben Sie Ihre Kinder bedingungslos.
- Dressieren Sie Ihre Kinder nicht mit: „Ich liebe dich, wenn du gute Noten bringst, im Tennis gewinnst ..." Damit werden Kinder nur verbogen.
- Loben Sie Leistungen und Entwicklungen und zeigen sie echte Freude.
- Trösten Sie Ihre Kinder, wenn etwas misslingt.
- Bedeutsamer als Leistung sind Sozialverhalten, Rücksichtnahme, menschliche Werte: Fordern Sie eine angemessene Ordnung und Disziplin.
- Leben Sie das vor, was Sie von Ihren Kindern erwarten.
- Praktizieren Sie gute Rituale – auch Segensrituale – und vermitteln Sie so wichtige Werte.

Von guten Lehrern lernen

(FA) In Schulen wurde in zahlreichen Experimenten die Wirkung der inneren Haltung von Lehrern überprüft und ebenso, wie sich ermunternde und abwertende Worte auf die Schüler auswirken. Als klassisch gilt das in der Literatur häufig erwähnte, von Robert Rosenthal in den USA durchgeführte Experiment im Jahr 1965. In einem Scheintest „belegte" er, dass von ihm zufällig ausgewählte durchschnittlich begabte Grundschüler hochintelligent seien und sich das in naher Zukunft zeigen würde. Am Schuljahresende hatten die meisten dieser Schüler tatsächlich ihr Intelligenzniveau stark verbessert: 45 Prozent der ausgewählten Kinder konnten ihren IQ um 20 oder mehr Punkte steigern, 20 Prozent gar um mehr als 30 Punkte. Das Experiment wurde viele Male wiederholt – mit ähnlichen Ergebnissen. Aus der Überzeugung, begabte Schüler vor sich zu haben, konzentrierten sich die Lehrer auf das Positive, auf das Können. Die Schüler bekamen ständig Bestätigungen dafür, dass sie gut waren und kamen gerade dadurch in einen guten Lernprozess.

Der französische Arzt und Soziologe Gustave Le Bon, der Begründer der Massenpsychologie, hat den Satz geprägt: **„Dem Menschen einen Glauben schenken, heißt, seine Kraft verzehnfachen."** Denken, Glauben, Reden werden dadurch zum Segen, dass sie auf das Gute, auf den Erfolg schauen. Es geht eine gute Wirkung von jedem Menschen aus, wenn sein Denken und seine innere Haltung auf das Gute ausgerichtet sind.

Worte, die unseren Glauben an uns selbst stärken, sind ein Segen.

Als Schüler wurde ich in der 11. Klasse von meinem Klassenleiter ständig abgewertet und er legte mir direkt nahe, ich solle die Schule verlassen, da ich das Abitur doch nicht schaffen würde. Ich wollte aufgeben und sagte das meinem Mathematiklehrer, zu dem ich großes Vertrauen hatte. Er gab er mir den Glauben an mich selbst zurück und damit die Kraft, weiterzumachen. Es sagte den einfachen Satz: „Sie machen das Abitur, das wäre doch gelacht!" Das gab mir den Mut zurück und hat mich bis zum Abitur geführt. Nach Abschluss meiner Promotion schrieb ich ihm einen Dankesbrief, der ihn tief berührte, wie er mir zurückschrieb.

Ein anderes Beispiel, wie segensreich Lehrer wirken können, erlebte ein gleichaltriger Bekannter von mir. Er erzählte als Schüler immer voller Begeisterung von einem Lehrer, der einen wunderbaren Unterricht machte. Er beschloss daraufhin, selbst Lehrer zu werden, um genauso wie sein Vorbild zu unterrichten. Er musste jedoch das Gymnasium abbrechen, da seine Mutter starb und er nun selbst zum Unterhalt der Familie beitragen musste. Sein Ziel, genauso zu werden wie sein Vorbild, hat er jedoch nie aufgegeben. Er machte am Abendgymnasium sein Abitur nach und studierte unter großen Mühen, da er nebenbei immer noch arbeiten musste. Er wurde ein angesehener Pädagoge, Schulbuchautor und Direktor eines renommierten Gymnasiums.

(AG) Der Hl. Benedikt hat in seiner Regel viele Anregungen gegeben, wie Erziehung aussehen soll. Vom Abt verlangt er: **„Er muss wissen, welch schwierige und mühevolle Aufgabe er auf sich nimmt: Menschen zu führen und der Eigenart vieler zu dienen. Muss er doch dem einen mit gewinnenden, dem anderen mit tadelnden, dem dritten mit überzeugenden Worten begegnen. Nach der Eigenart und Fassungskraft jedes einzelnen soll er sich auf alle einstellen und auf sie eingehen."**[41] Das

[41] Regel des Hl. Benedikt 2:31

verlangt, dass der Abt über jeden einzelnen Mönch meditiert und überlegt, was der Einzelne braucht, wie er das Potenzial, das in jedem steckt, entfalten kann. Auf die Schule angewandt bedeutet das: Der Lehrer hat die Aufgabe, sich in jeden einzelnen Schüler hineinzuversetzen und sich zu überlegen, wie er ihn behandeln soll, damit die Begabung, die in ihm steckt, zum Segen werden kann für ihn selbst und für andere Menschen. Es ist eine positive Sicht auf den einzelnen Schüler, die die benediktinische Erziehung auszeichnet.

An unserer Schule versuchen wir, diese benediktinischen Grundsätze zu verwirklichen. Zur benediktinischen Erziehung gehört auch eine eigene Fehlerkultur. Der Hl. Benedikt rechnet damit, dass seine Mönche immer wieder Fehler machen. Doch er mahnt den Abt, dass er sich gerade um diese Brüder kümmern soll: **„Mit größter Sorge muss der Abt sich um die Brüder kümmern, die sich verfehlen, denn nicht die Gesunden brauchen den Arzt, sondern die Kranken. Daher muss der Abt in jeder Hinsicht wie ein weiser Arzt vorgehen.“**[42]

Der Fehler eines Schülers weist immer auf eine Wunde hin, die der Schüler in sich trägt. Anstatt die Fehler zu bestrafen, geht es darum, die Wunde zu heilen. Der Münchner Psychiater Albert Görres meinte einmal, keiner würde das Böse aus Lust am Bösen tun, sondern immer aus Verzweiflung. Der Fehler weist also immer auf eine innere Not hin. Die frühen Mönche sind der Überzeugung: Dort, wo ein Fehler liegt, kann ich auch in die Tiefe meiner Seele gelangen.

Fehler sind die Einladung, tiefer in uns hineinzusehen und auf dem Grund der Seele das Potenzial zu entdecken, das in uns liegt.

[42] Regel des Hl. Benedikt 27:1 f

Das Märchen von den drei Sprachen drückt es so aus: Dort, wo die Hunde am lautesten bellen, dort liegt auch der Schatz. Dort entdecke ich auch mein wahres Selbst.

Wir sind dankbar, dass viele Lehrer an unserer Schule sich von der Erziehungsweisheit des Hl. Benedikts anregen lassen. Das macht unsere Schule beliebt. Die Schüler spüren, dass sie darin in ihrer individuellen Art gefördert werden, dass sie nicht alle über einen Kamm geschert werden, sondern jeder zu dem findet, was sein Wesen ausmacht, und jeder seine persönlichen Stärken entfalten kann. Die Schule genießt ein sehr hohes Ansehen. Ich weiß von Leuten, die bewusst in die Nähe von Münsterschwarzbach ziehen, damit ihre Kinder einen Platz an unserer Schule bekommen.

Eine Einladung

(FA) Wir alle sind Lehrer, Pädagogen, Erzieher – immer wieder – gegenüber unseren Kindern, als Vorgesetzte, aber auch in Alltagsbegegnungen.

Machen Sie folgendes Experiment:

- Beobachten Sie gezielt Menschen in Ihrer Umgebung, um herauszufinden, worin diese besonders gut sind. Welche besonderen Fähigkeiten haben diese Menschen?
- Beobachten Sie gleichzeitig, was das bei Ihnen auslöst: Neid, Bewunderung, Erstaunen usw. Es ist menschlich und gesund, auch mal neidisch, überrascht oder irgendwie emotional berührt zu sein.
- Teilen Sie diesem Menschen Ihre Beobachtungen mit, einschließlich Ihres persönlichen Erlebens, und beobachten Sie, wie es Ihnen dabei ergeht und was Sie beim anderen auslösen.

Tun Sie das regelmäßig. Lassen Sie sich überraschen, was dann zu Ihnen zurückkommt.

Gutes denken, Gutes glauben

(AG) In der Bibel sagt Jesus im Matthäusevangelium: **„Und alles, was ihr im Gebet erbittet, werdet ihr erhalten, wenn ihr glaubt."**[43] Jesus bindet die Wirkung des Gebets an den Glauben. Zu seinen Jüngern sagt er: **„(...) Ihr müsst Glauben an Gott haben. Amen, das sage ich euch: Wenn jemand zu diesem Berg sagt: Heb dich empor, und stürz dich ins Meer!, und wenn er in seinem Herzen nicht zweifelt, sondern glaubt, dass geschieht, was er sagt, dann wird es geschehen. Darum sage ich euch: Alles, worum ihr betet und bittet – glaubt nur, dass ihr es schon erhalten habt, dann wird es euch zuteil."**[44]

Uns scheinen diese Worte übertrieben, ja sogar widersinnig. Aber Jesus will uns nicht zu Zauberkunststücken aufrufen, sondern zum Beten aus dem Glauben heraus. Er spricht in Bildern. Wir sagen oft, dass wir „vor einem Berg Probleme" stehen, „vor einem Berg Arbeit", die wir nicht schaffen können. Doch wenn wir glauben, haben wir einen anderen Standpunkt. Dann schauen wir den Berg von Problemen von oben herab an. Und da wird er auf einmal klein.

Der Glaube verändert unsere Perspektive.

Der Glaube ist kein Trick, alles, was ich möchte, unbedingt zu erreichen. An anderer Stelle sagt Jesus, dass wir in seinem Namen bitten sollen, dann werde uns alles zuteil. Im Namen Jesu zu

[43] Matthäus 21:22

[44] Markus 11:22-24

bitten, heißt nicht, unsere infantilen Wünsche Gott vorzutragen, sondern im Einklang mit unserem wahren Selbst zu bitten. Jesus steht für das wahre Selbst. Und wenn wir im Beten mit unserem Selbst in Berührung sind, dann werden wir keine unvernünftigen und infantilen Bitten sagen, sondern um das bitten, was mit unserem wahren Wesen in Einklang ist. Aber dann dürfen wir auch vertrauen, dass unser Leben gelingt, dass Gott uns das schenkt, was wir wirklich zum Leben brauchen. Dann gehen wir die Probleme anders an. Wir sind nicht darauf fixiert, dass die Sitzung oder das Gespräch so und so ausgehen muss. Wir vertrauen vielmehr darauf, dass Sitzung und Gespräch Segen bringen werden, selbst wenn wir nicht das Ziel erreichen, das wir uns vorgenommen haben.

(FA) „Gutes sagen" hat nur eine Kraft, wenn es ehrlich gemeint ist, wenn wir von der Richtigkeit unserer Aussage überzeugt sind. Immer verraten Körper, Mimik, Haltung, Gestik oder die Stimme, wenn wir etwas anderes sagen, als wir denken, oder wenn das Gute nur so dahingesagte Worte sind. Der Angesprochene sieht das, spürt das und die Wirkung führt in das Gegenteil, in einen Vertrauensverlust. Es geht dann kein Segen von unseren Worten aus, sondern wir werden unglaubwürdig.

Wenn wir jedoch zutiefst von unseren Ideen und Aussagen überzeugt sind, dann gibt das unserem Reden eine besondere Kraft. Die Wirkung von charismatischen Persönlichkeiten beruht genau darauf, dass sie zutiefst überzeugt sind von dem, was sie sagen. Das Denken, das den Worten vorausgeht, hat die Qualität von Glauben.

Wie stark Worte, aber auch Handlungen wirken, wenn wir von der Wahrheit und Richtigkeit überzeugt sind, beweisen viele Placebo-Experimente. Der Arzt verabreicht ein Mittel ohne jeden

Wirkstoff. Da der Patient aber glaubt, das sei ein wirksames Medikament, setzt in vielen Fällen die erwünschte Heilung ein. Es ist nachgewiesen, dass diese Wirkung in hohem Maße von der Glaubwürdigkeit desjenigen abhängig ist, der das Mittel verabreicht.

Die psychologische Forschung kennt die „sich selbst erfüllende Prophezeiung". Mit einer erhöhten Wahrscheinlichkeit wird alles – das Gute und das Böse –, das wir sagen oder wünschen oder erwarten, auch eintreten. Insbesondere gilt das für unsere Ängste und Befürchtungen, die sich oft auf merkwürdige Weise realisieren.

Als Kind wollte ich an einem Samstag unbedingt Skifahren auf einem kleinen Berg am Rande meines Heimatortes. Meine Mutter bekniete mich, nicht zu gehen, mit der Besorgnis: „Du wirst dir ein Bein brechen!" Ich hatte es mir eine Stunde später tatsächlich gebrochen.

Dem Talmud, der jüdischen Gesetzes- und Weisheitssammlung, wird ein bekannter Text zugeschrieben: Er verweist darauf, wie Worte aus Gedanken entstehen und nach und nach immer mehr Wirkung entfalten: **„Achte auf Deine Gedanken, denn sie werden Worte. Achte auf Deine Worte, denn sie werden Handlungen. Achte auf Deine Handlungen, denn sie werden Gewohnheiten. Achte auf Deine Gewohnheiten, denn sie werden Dein Charakter. Achte auf Deinen Charakter, denn er wird Dein Schicksal."**[45]

Wir können nicht segnen oder zum Segen werden, wenn nicht bereits unser Denken das Gute beinhaltet. Und umgekehrt hat das Denken bereits eine Wirkung. Zwischen einem laut

[45] https://www.aphorismen.de/zitat/19331 (aufgerufen am 11.04.2017)

gesprochenen und einem still gesprochenen Wort ist manchmal nur ein kleiner Unterschied. Die Kraft des Wortes oder des Gedankens kommt aus der Intensität und der Überzeugung, die hinter dem Gedanken steht.

Dieses Wissen, dass sich unsere Wünsche erfüllen können, wenn wir an ihre Erfüllung glauben, wird als mentale Übung von immer mehr Menschen benutzt. Was vor wenigen Jahrzehnten noch ein Geheimtipp unter Spitzensportlern und Führungskräften war, ist heute Allgemeingut. Unzählige Mentaltrainer bieten ihre Dienste an, Menschen auf der geistigen Ebene zu schulen, ihre Gedankenkraft für das Erreichen von Zielen zu nutzen.

*Ziel des mentalen Trainings ist,
das Gute, genauer gesagt das Gewünschte, das mir widerfahren soll,
geistig vorwegzunehmen.*

Ich kann meinen Beitrag zum Gelingen durch die Macht meiner Gedanken erhöhen. Sportler kennen den Spruch: „Wettkämpfe werden im Kopf gewonnen." Wenn wir uns an Erfolgserlebnisse erinnern und uns diese bewusst machen, dann hat das eine positive Wirkung auf unsere weitere Leistungsfähigkeit. Und umgekehrt reduzieren Erinnerungen an Misserfolge und Versagen unser Energiepotenzial, sie können uns sogar lähmen.

Bekannt ist die Übung, sich das erwünschte Ergebnis in allen Details vorzustellen – so, als hätte man es bereits erreicht. Das entspricht dem o. a. Bibelsatz: „**Glaubt nur, dass ihr es schon erhalten habt, dann wird es euch zuteil.**" Unser Unterbewusstsein wird so auf das erwünschte Ergebnis ausgerichtet und die Prozesse in unserem Unterbewusstsein unterstützen wiederum unser bewusstes Bemühen. Und umgekehrt: Wenn etwas misslungen ist, verhindern wir eine psychische Lähmung, indem wir gedanklich sofort wieder unsere Fähigkeiten und Stärken in den Blick nehmen.

Eine Einladung

(FA) Nehmen Sie ein leeres Blatt Papier in der Größe DIN A5. Falten Sie es einmal der Länge nach in der Mitte und dann wie eine Ziehharmonika dreimal quer. Sie haben jetzt 8 leere Felder, wenn Sie es umdrehen, sogar 16 Felder. Schreiben Sie in jedes Feld etwas, das Ihnen Kraft gibt und positive Energien in Ihnen aktivieren kann. Beispielsweise:

- besondere Fähigkeiten
- Plätze
- Ereignisse
- Worte usw.

Nehmen Sie mehrmals täglich diesen Zettelblock aus der Tasche und lassen Sie sich von diesen Begriffen inspirieren – besonders dann, wenn Sie gerade an einem seelischen Tiefpunkt sind.

„Gemeinsam sind wir stark!"

(FA) Im Sport ist es oft entscheidend für das Gelingen, wenn jemand seine unbewussten Blockaden auflöst, damit ihm sein ganzes Leistungspotenzial zur Verfügung steht. Im Berufsleben kann die innere Stärke, die jemand durch entsprechendes geistiges Training entwickelt, bei der Bewältigung von schwierigen Situationen helfen. Dazu ist viel geschrieben worden – auch viel Unfug. Eine ganze Schule „Positives Denken" ist entstanden mit der Heilslehre: „Wir haben unser Glück selbst in der Hand!" Es liege nur an unseren Gedanken und die könnten wir selbst gestalten.

Brauchen wir also den Segen von oben gar nicht? Können wir unser Glück selbst machen mit ein bisschen Mentaltraining? Bestimmen wir alles, was uns widerfährt, selbst durch unsere Gedanken und unseren Glauben?

Es ist ein Hohn für alle Menschen mit einem schweren Schicksal, für Menschen in Not oder für schwer depressive Personen, wenn wir ihnen sagen, ihr Unglück habe nur ihr „falsches" Denken zur Ursache. Das Etikett „Ich denke positiv" verändert im Kopf gar nichts. Sätze wie „Ich bin liebenswert", die man wie ein Mantra vor sich hinmurmelt, bewirken bei Menschen mit einem schwachen Selbstwertgefühl sogar das gegenteilige Empfinden, was durch zahlreiche Studien belegt ist.

Wo können wir uns selbst helfen? Wo brauchen wir Hilfe von anderen? Wann sind wir auf den Segen Gottes angewiesen? Die Antwort ist einfach: Wir sollten, wo es geht, alle drei Wege nutzen.

Was ich selbst tun kann, sollte ich auch tun.

Das ist eine Ansage an meine Disziplin. Von Hildegard von Bingen stammt der Satz: **„Disziplin ist der Weg zum Ständig-glücklich-Sein."** Es ist wissenschaftlich unbestreitbar, dass disziplinierte Menschen glücklicher und erfolgreicher sind als die Menschen, die sich oft gehen lassen. In dem Buch „Die Macht der Disziplin" belegt der Sozialpsychologe Roy Baumeister in vielen Beispielen die segensreichen Auswirkungen einer trainierten Disziplin.

Jedoch ist der Mensch auch ein Gemeinschaftswesen, er ist allein nicht überlebensfähig. Das Miteinander beinhaltet, dass wir anderen helfen und uns auch selbst helfen lassen. Oft erhöht das gemeinsame Tun und Erleben unsere Lebensfreude ganz erheblich. Jesus sagt im Evangelium nach Matthäus: **„Weiter sage ich euch: Alles, was zwei von euch auf Erden gemeinsam erbitten, werden sie von meinem himmlischen Vater erhalten. Denn wo zwei oder drei in meinem Namen versammelt sind, da bin ich mitten unter ihnen."**[46]

Es scheint im Miteinander ein besonderer Segen zu liegen. In vielen Unternehmen wird das bewusst genutzt, teils auch manipulativ. „Gemeinsam sind wir stark" ist eine alte Weisheit und ein Kindermutmachlied, aber auch ein missbrauchter Satz.

[46] Matthäus 18:19-20

Es geht im Miteinander um mehr als Kraft und Stärke.

Es entsteht ein gemeinsamer Geist, eine Verstärkung im Glauben, wenn wir anderen helfen und uns selbst von anderen helfen lassen. Die Entwicklung im Fußball in den letzen 20 Jahren zeigt deutlich: Die Mannschaften, die aus ihren Spielern ein Team gemacht haben, in dem sich alle gegenseitig unterstützen, hatten größere Erfolge als die Mannschaften, die einen Starkult um ihre Spitzenleute machten.

Wenn Sie um Segen für ein Projekt, für eine Arbeit bitten, dann tun Sie das am besten in drei Schritten: Benennen Sie zuerst Ihre gute Absicht, dann legen Sie Ihre Einstellung und Ihre Motive offen, die Ihr Vorhaben zu „einer guten Sache" machen. Binden Sie andere ein, damit es zu einer „gemeinsamen guten Sache" wird. So entsteht im zweiten Schritt ein Energiefeld mit Synergieeffekten oder auch gruppendynamischen Momenten, die zum Gelingen Wesentliches beitragen können.

Über unser menschliches Vermögen hinaus gibt es aber Kräfte und Hilfen, die sich menschlicher Logik und Machbarkeit entziehen. Erbitten Sie im dritten Schritt Gottes Segen oder auch die Hilfe von Heiligen, gerne auch von Ihren Freunden und sogar von verstorbenen Ahnen. Der Anfang ist die Bitte: **„Kannst du mir bitte helfen?"** Das fällt vielen schwer. Ein falscher Stolz, Selbstüberhöhung, ein „Das schaffe ich allein!" verhindert ein segensreiches Miteinander. Andere um etwas zu bitten, macht uns scheinbar klein; wir wollen aber lieber groß und überlegen wirken.

Diese Hemmung, andere zu bitten, hat aber noch eine andere Ursache. Wenn wir von jemand anderem etwas annehmen, dann fühlen wir uns zum Ausgleich genötigt. Wir stehen in seiner

Schuld, wir schulden ihm etwas. Wir sind zur Gegenleistung moralisch verpflichtet. Wenn wir nichts nehmen, müssen wir auch nichts geben. Das ist eine trügerische Freiheit. Im sozialen Miteinander verarmen wir dabei, weil kein Austausch mehr stattfindet.

Sozialer Reichtum entsteht gerade dann, wenn wir viel geben und viel bekommen.

Neben dem äußeren Tun oder Geben entsteht auf der seelischen Ebene eine Verbindung, das gemeinsame Tun und Erleben gestaltet unsere Beziehungen.

Am Anfang kann aber auch das Angebot stehen: **„Kann ich Ihnen helfen?"** Leider ist diese Formel sehr kommerzialisiert; wir hören sie beim Einkaufen in jedem Laden. Der Satz wird aber auch dann problematisch, wenn er berechnend oder herablassend ausgesprochen wird. Wenn wir eine wohlwollende Absicht haben, dann spüren wir meist, was der andere braucht, und können das ohne große Worte spontan zeigen und anbieten. Oft ist bereits das liebevolle Zuhören eine große Hilfe. Der Effekt wird sichtbar, wenn wir den anderen verstehen und der andere sich verstanden fühlt.

Wenn wir andere Menschen um etwas bitten, zeigen wir unsere Bedürftigkeit; wir brauchen den anderen. Wenn wir Gott um etwas bitten, dann zeigen wir uns in unserer ganzen menschlichen Unzulänglichkeit. Wir sind nicht fähig, auch nur einen einzigen Grashalm hervorzubringen. Die Schöpfung, die Natur, von der wir abhängig sind, lebt und wächst auch ohne uns. Im Säen und im Ernten fügen wir uns in die bestehende Ordnung ein.

Wir können unsere Bedürfnisse nur sehr begrenzt mit unseren eigenen Mitteln und Fähigkeiten befriedigen. Durch die ständig wachsende Arbeitsteilung in unserer Gesellschaft ist das Zusammenwirken vieler notwendiger denn je. Wenn wir unser Zusammenspiel einseitig als „Marktmechanismus" begreifen und unter kaufmännischen Gesichtspunkten betrachten, übersehen wir jedoch das Wesentliche des menschlichen Miteinanders.

Im Miteinander entsteht Gemeinschaft, ein besonderes Erleben. Wenn wir mit Wohlwollen und guten Absichten einander helfen, dann ruht ein Segen auf dieser Arbeit. Die moderne Arbeitswelt isoliert den Menschen. Der Landwirt sitzt heute allein auf dem Traktor. Vor 60 Jahren noch waren zur Erntezeit viele Helfer gemeinsam tagelang damit beschäftigt, die Ernte einzubringen und das Korn zu dreschen. Ähnliches gilt für die Weinlese, aber auch im Hancwerk und am intensivsten in der Industrie. Körperliche Anstrengung und Arbeiten Hand in Hand hatten einen Erlebnischarakter. Für ältere Menschen, die das erlebt haben, ist das oft mit sehr schönen Erinnerungen verbunden. Aber auch heute, wenn ich mein Brennholz für den Kamin stapele, sind die Nachbarskinder mit Begeisterung dabei und tragen das Holz mit. Kinder haben noch ein feines Gespür für dieses Erleben.

Gerade hier gilt die Aussage von Jesus besonders: **„(...) wo zwei oder drei in meinem Namen versammelt sind, da bin ich mitten unter ihnen."**

Was heißt das, „in meinem Namen versammelt"? Ich glaube, dass es um die innere Haltung geht, um die Liebe zu den Menschen. Das Wohlwollen und die gute Absicht sind das, was uns nicht nur miteinander, sondern auch mit Jesus verbindet.

Eine Einladung

(FA) Schreiben Sie Ihre Erfolge auf, alles Wichtige, das Sie erreicht haben. Überlegen Sie, wer und was zu diesen Erfolgen beigetragen hat: Menschen, Umstände, „Glück", Gebet usw. Überlegen Sie nun, zu welchen Anteilen daran Ihre eigene Disziplin beteiligt war, die Unterstützung durch andere Menschen und das, was Sie einer höheren Macht zuordnen müssen.

Für das erfolgreiche gemeinsame Tun, aber auch, wenn Sie allein etwas realisieren möchten, kann es sehr nützlich sein, kritisch Ihre Motive und Absichten zu hinterfragen. Sie liefern die Energie und Sie lenken die Energie gemäß Ihrer Absicht. Wenn Sie anderen aber auch sich selbst etwas vortäuschen, verringern Sie die Erfolgschancen.

Sie können sich die Fragen stellen:
- Was bezwecke ich damit?
- Wem nützt das?
- Geht es mir um Macht, Ansehen, Status, Gewinn usw.?
- Wie kann ich mein Vorhaben gestalten, damit es zum Wohle aller dient?

Besprechen Sie das mit Menschen, denen Sie vertrauen, und bitten Sie diese, Ihre Ideen kritisch zu hinterfragen.

Beten, bitten und vergeben

(FA) Ein Bekannter erzählte mir vor Kurzem, dass während eines Fluges die Maschine plötzlich anfing, stark zu vibrieren. Der Pilot beschleunigte das Flugzeug und das Vibrieren hörte auf. Der Pilot gab dann bekannt, dass sie vermutlich einen Teil der Tragfläche verloren hätten, aber alles unter Kontrolle sei und sie den Flug planmäßig fortsetzen würden. Der Bekannte erzählte weiter, dass viele Menschen halblaut oder still bis zur Landung gebetet hatten, auch er selbst.

In Würzburg gibt es die sehr schöne Wallfahrtskirche Mariä Heimsuchung mit Kloster, „Käppele“ genannt, zu dem vom Main aus viele Stufen, gesäumt von Kreuzwegstationen, hochführen. Dort trifft man immer wieder Menschen, die sich Stufe für Stufe „hochbeten“. Es sind Menschen, die für Kranke beten oder für etwas, das ihnen wichtig ist. Sie rufen im Gebet eine höhere Macht an, die sie in ihrem Anliegen unterstützen soll.

Wenn wir für andere beten, erbitten wir den Segen von den Kräften, zu denen wir beten, sie sollen das Gute herbeiführen, um das wir bitten. Im Evangelium nach Johannes heißt es dazu: **„(…) Amen, amen, ich sage euch: Was ihr vom Vater erbitten werdet, das wird er euch in meinem Namen geben.“**[47]

In einem Kurs im Haus Benedikt beklagte sich ein Teilnehmer, dass er eine sehr schwierige Mitarbeiterin habe, die ihm das Leben schwer mache. Ich schlug ihm vor, er könne für diese Frau

[47] Johannes 16:23

jeden Abend beten. „Für die? Niemals!", war seine heftige Antwort. Es ist uns ein tiefes psychisches Bedürfnis, die „Bösen" zu bestrafen oder zu erleben, wie diese bestraft werden. Hollywood lebt von diesem Grundmuster unserer Psyche. Wir streben nach Lusterfahrungen, entweder über ein gutes soziales Kontakterleben oder über die Bestrafung von Verstößen gegen soziales Wohlverhalten.

Das Gegenteil habe ich im gleichen Haus mit dem Benediktiner Bruder Balduin erlebt. Er gehörte zur Hausgemeinschaft des Stadtklosters, war über 90 Jahre alt und er war ein Segen für alle. Wenn ich ihn im Garten oder im Haus traf und ihm erzählte, ich hätte einen schwierigen Teilnehmer im Kurs, war seine Antwort: „Ich gehe sofort in die Kirche und zünde eine Kerze für ihn an und bete für ihn." Es hat immer geholfen.

Der Buddhismus lehrt, wie wir Mitgefühl für alle Wesen entwickeln können. Im Christentum geht es um die Nächstenliebe, die auch die Feindesliebe umfasst. Auch hierzu gibt es in der Bibel klare Worte. Bei dem Evangelisten Lukas steht: **„Ihr aber sollt eure Feinde lieben und sollt Gutes tun und leihen, auch wo ihr nichts dafür erhoffen könnt. Dann wird euer Lohn groß sein, und ihr werdet Söhne des Höchsten sein; denn auch er ist gütig gegen die Undankbaren und Bösen."**[48]

Es ist sehr schwer, unsere „Feinde zu lieben", zu gerne möchten wir die Lust erleben, wenn „der Böse" bestraft wird. Im Neuen Testament, im Brief an die Römer steht: **„(...) Mein ist die Rache, ich werde vergelten, spricht der Herr."**[49] Dem Menschen steht es damit nicht zu, Rache zu nehmen und auch nicht, über andere zu richten.

[48] Lukas 6:35

[49] Römer 12:19

Eine positive und damit segensreiche geistige Haltung setzt den Verzicht auf strafende und verurteilende Gedanken voraus. Das wird überdeutlich in den Worten Jesu, wie sie der Evangelist Lukas überliefert hat: **„Richtet nicht, dann werdet auch ihr nicht gerichtet werden. Verurteilt nicht, dann werdet auch ihr nicht verurteilt werden. Erlasst einander die Schuld, dann wird auch euch die Schuld erlassen werden.“**[50]

Dieser Impuls, sich zu rächen, Macht und Gewalt auszuüben, wird durch den Akt des Segnens unterbrochen. Wenn wir Gutes sagen und Gutes wünschen, verändern wir uns und unser Erleben. Wenn wir Böses mit Bösem vergelten, entsteht erneut Leid, wir verbleiben im Feld des Bösen. Mit dem Segnen ebnen wir der Liebe den Weg und begeben uns auf eine neue, dem Glück dienende Ebene. Dieser Segen fällt in hohem Maße auch wieder auf uns zurück.

Mit Segnen bringen wir das Gute ins Leben, aber mit Rache erneut Böses.

(AG) Im Alten Testament fühlten sich die Menschen oft negativen Kräften ausgesetzt. Da war es ein wichtiges Bedürfnis, durch den Segen diesen bedrohlichen Kräften die Macht zu nehmen. Das Segnen schafft eine positive Atmosphäre des Schutzes und der Geborgenheit. Das Segnen nimmt den Menschen aus dem negativen Einflussbereich dieser Welt heraus und umgibt ihn gleichsam mit einem schützenden Mantel, der ihn bewahrt vor den verletzenden und entwürdigenden Worten, die oft von außen auf uns einströmen.

[50] Lukas 6:37

Jesus hat durch seine betende Reaktion auf seine Mörder mitten in all dem Hass und der Feigheit einen Raum von Freiheit und Liebe geschaffen. Er hat für seine Mörder gebetet: **„Vater, vergib ihnen, denn sie wissen nicht, was sie tun.“**[51] Mit diesem Satz verwandelte er die feindselige Atmosphäre. Und mit diesen Worten hat Jesus eine Bresche geschlagen für die Liebe und den Teufelskreis von Hassen und Gehasst-Werden unterbrochen. Seine segnenden Worte verwandelten nicht nur damals die Atmosphäre, sondern sie haben eine Wirkung bis in die jetzige Zeit hinein. Dass da einer seine Mörder segnet, das bringt etwas Neues in die Welt.

Die Feinde zu segnen, schafft ein ***neues*** *Bewusstsein.*

Und von der Psychologie und von der Quantenfeldtheorie wissen wir, dass sich so ein neues Bewusstsein durchsetzt. Es wirkt durch die Zeiten hinweg. Natürlich wirkt es nicht auf jeden Menschen; es gibt genug Menschen, die Hass wieder mit Hass erwidern. Aber Jesus hat diese Welt zu radikal neuen Reaktionsmöglichkeiten angestiftet. Und die haben objektiv die Voraussetzungen unseres Lebens verwandelt und verbessert.

[51] Lukas 23:34

Eine Einladung

(FA) Sie können sich immer wieder fragen:

- Mit wem habe ich Probleme?
- Über wen habe ich mich geärgert?

Ideal ist es, diese Fragen am Ende des Tages zu stellen und dann mit einem Segen oder Gebet für diese Personen den Tag abzuschließen.

Eine andere Möglichkeit: Wenn Sie sich mit jemandem aussöhnen wollen, wenn Sie jemanden, der Sie verletzt oder gekränkt hat, segnen wollen, dann kann ein „Shalom" – gesprochen: Schalom – eine große Wirkung entfalten. Je nach den Umständen der Situation sprechen Sie es leise für sich oder laut, wenn Sie allein sind.

Am besten **tönen** sie das Wort mehrmals über einen ganzen Atemzug. Spüren Sie die dabei entstehende Vibration im Brustraum. Dabei ist das „Scha" kürzer und das „lo" wird lange gedehnt, auch das „m" bekommt noch etwas Stimme.

Fluch und Segen des Fortschritts

Das „schräge" Patriachat

(FA) Unter Fortschritt wird oft einseitig technischer Fortschritt verstanden. Viel Umfassenderes wird mit der Frage nach gesellschaftlichem Fortschritt berührt: Wo sind die Schwachpunkte, die Fehlentwicklungen in der Gesellschaft, vor allem in Bezug auf Werte und Paradigmen. Segensreiche Veränderungen in der Gesellschaft stellen das Gleichgewicht wieder her, wo etwas aus dem Lot gekommen ist. Ausgeschlossenes muss wieder integriert werden und es ist wichtig, zu hinterfragen, welche Ursachen zu Fehlentwicklungen geführt haben, vor allem Religion, Glauben und bestehende Machtstrukturen betreffend.

Religion ist schon immer ein Mittel gewesen, Macht auszuüben. Im Altertum war ein Herrscher auch immer oberster Priester, der Pontifex Maximus. Die Priester hatten großen Einfluss und von daher ist es leicht nachvollziehbar, dass mit dem Glauben an einen einzigen männlichen Gott vor allem die Männer in Machtpositionen kamen – als Priester, als Herrscher, als Regierungsbeamte. Diese haben mit ihrem männlichen Denken sowohl Gesellschaft als auch Kultur geprägt. Wenn Gott, das Höchste, als männlich angesehen ist, dann wird man in der Folge auch Frauen und weibliche Qualitäten für minderwertig erklären.

Einem männlichen Gott werden auch männliche Eigenschaften zugeordnet, die damit religiös legitimiert und wünschenswert erscheinen. Der jüdische Gott des Alten Testamentes war eifersüchtig, duldete niemanden neben sich, übte Rache an seinen Feinden, forderte seine Anhänger auf, Andersgläubige und ganze Völker zu töten. Die Vorherrschaft des Mannes wurde in den jüdischen Gesetzen fest etabliert und hat im Christentum ihre Fortsetzung gefunden. In Deutschland durfte eine Frau bis 1962 ohne Zustimmung ihres Mannes kein eigenes Bankkonto eröffnen, bis 1977 durfte sie nur mit Zustimmung ihres Mannes einen Beruf ausüben. In Bayern mussten früher Lehrerinnen zölibatär leben. Wenn sie heirateten, verloren sie ihren Job, weil sie dann ja für ihre eigenen Kinder zu sorgen hatten und nicht mehr ganz für ihre pädagogische Arbeit verfügbar waren.

Über die Jahrhunderte wurden Frauen, und damit das, was sie durch ihre Weiblichkeit einbringen können, systematisch aus den Machtstrukturen der Gesellschaft eliminiert. Damit entstand die Schräglage zugunsten einer patriarchalen Gesellschaft, die einseitig von männlichem Denken geprägt war und immer noch ist. Ein solches Ungleichgewicht ist niemals segensreich und kann auf Dauer nicht funktionieren. Historische Beispiele zeigen die Auswüchse dieses einseitigen Denkens, das immer vom Machtanspruch der Männer angetrieben war. Während der Hexenverfolgung, vor allem im 17. und 18. Jahrhundert, wurden kräuterkundige Frauen, Hebammen und Heilerinnen von männlichen Richtern verurteilt und verbrannt. Parallel dazu wurden Frauen über das Zunftwesen aus „Männerberufen" zunehmend ausgeschlossen.

Das Matriarchat, in dem die Macht bei den Frauen liegt, ist im größten Teil dieser Welt vom Patriarchat abgelöst worden. Das männliche Denken dominiert mit dem Streben nach Macht und Überlegenheit und Kriege, Terror und Unterdrückung sind die Folge. Ich bin zutiefst überzeugt, dass die Entwicklung weiblicher Qualitäten und die Erhöhung des Einflusses von Frauen in der Gesellschaft die einzige Chance zur Überwindung der immer bedrückender werdenden weltweiten Probleme ist.

Mit Beginn der Industrialisierung zogen die Organisationsformen des Militärs in die Unternehmen ein, die seit jeher männlich geprägt sind. Aus „Befehl" wurde „Weisungsrecht", hierarchische Über- und Unterordnungen sind analog der militärischen Strukturen übernommen worden. Verstöße gegen Regeln wurden bestraft. Es war eine Ordnung, die auf Macht aufgebaut war und die im Wesentlichen bis heute so besteht.

Die patriarchale Problematik kommt in der Gegenwart immer mehr ins Bewusstsein.

Viele Untersuchungen belegen, dass gemischte Teams bessere Ergebnisse erzielen als reine Männer- oder Frauenteams. Das zeigt sich auch, wenn Vorstandsgremien gemischt besetzt sind. Der Wirtschaftswissenschaftler Muhammad Yunus hat in Bangladesch mit dem Konzept der Mikrokredite die Bedeutung des weiblichen Denkens für eine segensreiche Entwicklung überdeutlich gemacht. Sein Konzept, mit wenigen Dollars Menschen eine Selbstständigkeit und wirtschaftliches Auskommen zu ermöglichen, führte erst zum Erfolg, als er begann, mit Frauen zusammenzuarbeiten. Er brachte mithilfe von Frauen das extrem arme Land völlig überraschend in eine beachtliche wirtschaftliche Entwicklung. Die Kreditnehmer und wirtschaftlichen Akteure sind zu 97 Prozent Frauen. Professor Yunus, der mit der von ihm gegründeten „Grameen Bank" 2006 für diese Initiative den Friedensnobelpreis erhielt, sagte ganz klar dazu: **„Meine Lehrer waren Frauen."**

Yunus entdeckte, dass Frauen verantwortungsbewusster mit Geld umgehen. Sie denken langfristiger und sind umsichtiger. Sie stellen das Wohl und die Zukunftschancen ihrer Kinder über alle anderen Werte. Frauen sind kreativer, kooperativer und mit hoher sozialer Kompetenz ausgestattet.

Yunus' Konzept trug erst dann Früchte, als er diese weiblichen Fähigkeiten erkannte und deren Bedeutung für den wirtschaftlichen Erfolg. Er selbst musste sein persönliches Vorurteil aufgeben, in einem moslemischen Land müsse alles von Männern geregelt werden.

Schon die Griechen hatten neben ihrem obersten männlichen Gott Zeus viele weibliche Gottheiten wie Demeter, die Göttin der Fruchtbarkeit; Aphrodite, die Göttin der Liebe und der Schönheit u. v. a. Diese weiblichen Gottheiten verkörperten archetypisch weibliche Qualitäten wie z. B. Athene, die für Weisheit, Strategie und Kunstfertigkeit steht, aber auch als kampfbereite Beschützerin gilt. Gerade Athene zeigt, dass „weiblich" nicht „passiv", „empfangend" und „hilflos" meint, sondern aktives und wehrhaftes, aber kluges Gestalten des Lebens beschreibt. Die Archetypen sind vom Einzelnen unabhängige, allgemeine Strukturdominanten der Persönlichkeit, die von den Griechen als Qualitäten und Eigenschaften sehr anschaulich den verschiedenen Göttern und Göttinnen zugeordnet wurden.

Was machen Frauen anders? Was sind archetypisch weibliche Qualitäten? Zum Archetypus „Frau" gehört vorrangig der Aspekt „Mutter" als Lebensspenderin, die nährt und ernährt. Im Idealfall wird das Neugeborene ein Jahr lang von der Mutter gestillt und genährt. Aber wie die griechischen Götter zeigen, und wie es Prof. Yunus mit über sieben Millionen Kleinstkreditnehmerinnen praktisch vorgeführt hat, umfassen die spezifisch weiblichen Qualitäten viel mehr. Sie sind im Übrigen auch in jedem Mann vorhanden und können überhaupt in jedem Menschen entwickelt werden, wenn sie denn attraktiv erscheinen und gefördert werden.

Die Neurowissenschaften deckten in den letzten Jahrzehnten viele signifikante Unterschiede zwischen männlichem und weiblichem Denken auf. Beispielsweise seien genannt: Frauen haben meist ein besseres Detailgedächtnis, können Komplexität besser beherrschen, sind kreativer, einfühlsamer, kommunikativer, bessere Teamplayer, können leichter eigene Bedürfnisse zurückstellen – auch Statusdenken. Während Männer im Allgemeinen ein besseres räumliches Vorstellungsvermögen haben, abstrakter denken können, ein höheres Rang- und Statusdenken besitzen, stärker wettbewerbs- und handlungsorientiert sind.

Soziale Kompetenz, eine eher weibliche Qualität, ist trainierbar!

So ist die in Unternehmen oft gepriesene „Durchsetzungsfähigkeit" eine männliche, aber nicht immer kluge Fähigkeit. Eher weibliche Qualitäten sind Konsensfindung, Einbeziehung auch der Andersdenkenden u. Ä. Daneben zeigt sich real: Wenn Frauen in Entscheidungen miteinbezogen werden, fallen diese ausgewogener und klüger aus. Das alles ist schon lange bekannt, wird aber wenig umgesetzt.

Der Segen des Weiblichen wird sich erst zeigen,
wenn wir in unserem Denken und Handeln
den weiblichen Qualitäten Platz einräumen.

Warum geben wir dem segensreichen Mitwirken von Frauen so wenig Raum? Zum einen hat unsere Gesellschaft insgesamt die Organisation von Arbeit und Karriere noch viel zu wenig abgestimmt auf die Bedürfnisse von Frauen und Familien. Vor allem aber führt typisch männliches Denken und Verhalten dazu, dass Frauen in ihrer natürlichen Eigenart nicht zum Zuge kommen. Sie werden erst gesehen und gehört, wenn wir Männer lernen, zuzuhören und uns mit der weiblichen Art zu denken und zu reden auseinanderzusetzen. Das ist widerum nur möglich, wenn wir als Männer auch weibliches Verhalten üben, indem wir nicht dominieren wollen, nicht (vor)schnelle, sondern ausgewogene Lösungen suchen, Unbekanntes und Neues zulassen, ohne es gleich vom Tisch zu wischen.

Umgekehrt erleben wir in Unternehmen und in der Politik, dass Frauen nur entscheidend aktiv werden können, wenn Sie männliche Verhaltensweisen übernehmen, also laut werden und Aggressivität zeigen. Damit kann sich der Segen des Weiblichen selbstverständlich nicht entfalten und alles „bleibt beim Alten“. Mehr noch, Frauen wurden und werden dazu erzogen, Eigenschaften zu entwickeln, die den Erwartungen des Mannes entsprechen wie sich unterzuordnen, zu dienen und demütig zu sein.

Um als Einzelner, aber auch als Gemeinschaft und Gesellschaft wieder heil zu werden, ganz zu werden, müssen wir alles Fehlende integrieren, besonders die weiblichen Qualitäten.

Das Weibliche kommt in unserer heute noch vornehmlich patriarchalen Gesellschaft viel zu kurz, manchmal wird es sogar völlig ausgeklammert. Die Sehnsucht nach der weiblichen Stimme wird jedoch überall zunehmend gespürt und erlebt, worauf u. a. die Bedeutung der Marienverehrung im Christentum und die Verehrung von Kali im Hinduismus seit jeher deutlich hinweisen.

Eine Einladung

(FA) In meinen Seminaren zeigen sich bei dem Thema „männlich und weiblich Führen" zwei Empfehlungen:

Männer können lernen, mehr auf die Frauen zu hören. Sie können z. B. bewusst dafür sorgen, dass in wichtigen Gremien immer auch Frauen sitzen. Sie können Ideen und Entscheidungsvorlagen mit einer oder mehreren Frauen reflektieren. Sie sollten Frauen auffordern und einladen, sich mehr einzubringen und ihren Beitrag selbstbewusst zu leisten. Sie können von Frauen lernen, besser auf andere einzugehen, besser zuzuhören und mehr auf Dominanz zu verzichten, ohne die Angst zu haben, dadurch Schwäche zu zeigen.

Frauen sollten sich mit Frauen austauschen und das Besondere von „Frauen-unter-Sich" nutzen, um aufzutanken. Sie sollten nicht männliche Eigenarten kopieren, sondern ihre weiblichen Qualitäten selbstbewusst leben. Gegenüber Männern sollten sie nicht nur auf Einladungen warten, sondern mehr Initiative zeigen und ihre spezifischen Bedürfnisse geltend machen nach mehr Informationen und Zeit, um etwas reifen zu lassen, und sie sollten selbstbewusst auch ihre Emotionen zeigen oder auch „ins Unreine" sprechen.

Ist Gott ein Mann?

(FA) Das Bild eines „männlichen Gottes“ verstößt gegen das erste und damit wichtigste Gebot, das Gott an Moses übergab: **„Du sollst dir kein Gottesbild machen und keine Darstellung von irgendetwas am Himmel droben, auf der Erde unten oder im Wasser unter der Erde.“**[52] Von daher wäre auch eine weibliche oberste Gottheit, wie sie wohl in den alten matriarchalischen Kulturen in der „großen Mutter“ gesehen wurde, ein Verstoß gegen dieses Gebot. Viele spirituell orientierte Lehrer ersetzen den problematischen, weil männlich assoziierten Begriff „Gott“ durch „Urgrund“, „letzte Wirklichkeit“ u. a. Es wird sehr viel Segen bringen, wenn wir den „Mann-Gott“ durch Begriffe ersetzen, die auf dieses „Höchste“ und „Letzte“ hinweisen, ohne es auf menschliche Kategorien zu reduzieren.

Diesem letzten, nicht fassbaren Urgrund können wir dann die Polarität „männlich – weiblich“ gegenüberstellen als gleichberechtigte Pole unseres Menschseins. Zwingenderweise müssten dann auch real Männer und Frauen gleichberechtigt diese letzte Wirklichkeit vertreten und vermitteln.

Der Buddhismus, der vielen als „Religion ohne Gott“ erscheint, kennt sehr wohl eine letzte Wirklichkeit, die sich aber jeder Beschreibung und Darstellung entzieht. In dem bekannten Gedicht des Lehrers Daio Kokushi aus dem 13. Jahrhundert ist von dieser letzen Wirklichkeit die Rede. Was ist eine „letzte Wirklichkeit“ anderes als ein Hinweis auf etwas hinter den Erscheinungen, das in unserem Kulturkreis „Gott“ genannt wird? Die Beschreibung dieses Letzten in diesem buddhistischen

[52] 2. Mose 20:4

Gedicht erfüllt in höchstem Maße das erste und wichtigste Gebot im Alten Testament: **„Du sollst dir kein Gottesbild machen (...)"**

Über Zen

Es gibt eine Wirklichkeit, die vor Himmel und Erde steht.
Sie hat keine Form, geschweige denn einen Namen.
Augen können sie nicht sehen.
Lautlos ist sie, nicht wahrnehmbar für Ohren.
Sie Geist oder Buddha zu nennen, entspricht nicht ihrer Natur,
wie ein Fantasiegebilde wäre sie dann.
Nicht Geist noch Buddha ist sie;
vollkommen ruhig erleuchtet sie in wunderbarer Weise.
Nur dem klaren Auge ist sie wahrnehmbar.
Das Dharma ist sie und wirklich jenseits von Form und Klang.
Das Tao ist sie, und Worte haben nichts mit ihr zu tun.

„Dharma" und „Tao" sind Begriffe aus den asiatischen Weisheitslehren, die – wie das Wort „Gott" in seiner ursprünglichen Bedeutung oder „Jahwe" – für das Nicht-Beschreibbare stehen.

Dieses „Es gibt eine Wirklichkeit" im Buddhismus, das „eine Sein", ist nicht männlich und nicht weiblich und auch nicht beides und auch nicht „nichts von beidem". Es ist jenseits von Worten und Gedanken. In der Mathematik lernen wir, dass +1 und -1 zusammengezählt Null ergibt. Wenn wir das Männliche und das Weibliche als Gegenpole unseres Menschseins zusammenbringen, heben sie sich gegenseitig auf. Es entsteht etwas jenseits dieser Spannung (männlich – weiblich), das die Polarität übersteigt. Wenn wir das Wort „Null" durch „Nichts" oder „Leere" ersetzen, dann entspricht das dem, wie Mystiker aller Traditionen ihre Erfahrung beschreiben.

„Gott ist ein lauter Nichts",dichtet der christliche Mystiker Angelus Silesius (1624-1677). **„Ich trat ein und wußt' nicht wo, und blieb auch ohne Wissen, alles Wissen übersteigend"**, schrieb Johannes vom Kreuz, ein enger Freund von Teresa von Avila. Alle Mystiker dieser Welt wissen, dass die letzte Wirklichkeit weder Mann noch Frau ist, dass sie alle Polarität übersteigt. Es kann sich damit niemand auf einen „Gott-Vater" in einem biologischen Sinn berufen und kein Mann kann sich gottähnlicher sehen als eine Frau. Ein mir bekannter katholischer Priester betet im Gottesdienst das Vaterunser beginnend: „Mein Vater-Mutter im Himmel". Er erntet große Zustimmung, vor allem von Frauen, weniger von seinen Vorgesetzten.

Wenn wir den Zustand dieser Erde kritisch betrachten, wenn wir an die Zukunft unserer Kinder denken, wenn wir die Ausbeutung (eine männliche Qualität) der Erde sehen, dann ist die Dominanz des männlichen Denkens zum Fluch geworden. Zum Heil und zum Segen scheint die Integration des Weiblichen der einzige Ausweg zu sein. Der Weg der Hingabe, den Jesus gegangen ist, war ein Verzicht auf Macht und Herrschaft (ebenfalls eine männliche Qualität). Was bedeutet das für uns, für die Nachfolge? Jesus widersteht der Versuchung, alle Macht auf dieser Welt zu bekommen; er will nicht zu einem mächtigen Mann werden. Sein Auftrag lautet: **„Liebt einander! Wie ich euch geliebt habe, so sollt auch ihr einander lieben."**[53]

(AG) Jesus war der typischen Versuchung eines Mannes ausgesetzt. Aber er hat sie überwunden. Die Evangelisten erzählen uns drei typische Versuchungen: Die erste Versuchung bestand darin, als der große Wohltäter zu erscheinen, als Jesus Steine in Brot verwandelte. Eine weitere, sich mit seiner Spiritualität über andere zu stellen, indem er von der Zinne des Tempels sprang. Als Letztes war Jesus von der Macht versucht. Doch er überwand sie alle. Er trat als Diener auf und er gab sich in seinem Tod für seine Freunde und Freundinnen hin.

In der Bibel erfahren wir auch, wie Jesus anders mit Frauen umging. Es gab nicht nur Männer, sondern auch Frauen in seinem Kreis. Und in seiner Art, wie er Frauen behandelte, spürt man, dass er ein integrierter Mann war – ein Mann, der, wie C. G. Jung sagt, Anima und Animus in sich integrierte, zusammenbrachte, der die männliche und weibliche Seite in sich vereinigte. Und Jesus sprach selbst von Gott sowohl in männlichen als auch in weiblichen Bildern. Das wird im Lukasevangelium deutlich, der Evangelist erzählt oft neben einem Männergleichnis sofort ein Frauengleichnis. Nur von beiden Seiten, von der männlichen wie weiblichen Seite aus, kann angemessen von Gott gesprochen werden, der jenseits aller Bilder ist – auch jenseits der Bilder von Mann und Frau.

[53] Johannes 13:34

(FA) Ein Fortschritt der Gesellschaft und des menschlichen Miteinanders hat viel wichtigere Aufgaben als das „Immer-Mehr" auf materieller Ebene. Die Integration des Weiblichen steht an vorderster Stelle. Dafür brauchen wir aber auch eine spirituelle Basis. Wir müssen den Götterhimmel bereinigen.

Auch wenn Politiker und Wirtschaftsbosse noch immer „Wirtschaftswachstum" als die allein selig machende Gottheit anbeten, gebührt der erste Platz unter den wirtschaftlichen Zielen dem Gemeinwohl.

*Es ist nur das anzustreben, was zum Segen für **alle** wird.*

Das ist kein Wohlfahrtsstaat, in dem die Fleißigen für die Faulen arbeiten, zum Segen gehören auch Leistungen und Entwicklung. Wir produzieren viel Wissen und stopfen das in die Köpfe unserer Kinder. Wichtiger ist es, Kindern altersgemäß Verantwortungsbereiche zu übertragen und ihren Blick für das größere Ganze zu öffnen, in das wir eingebunden sind. Gesellschaftlicher Fortschritt beinhaltet, dass wir geeignete Formen finden, in denen Menschen Klugheit, Selbstbewusstsein und Verantwortung entwickeln – zum Segen für sich selbst und für andere. Frauen, weibliche Qualitäten, werden für diesen gesellschaftlichen Fortschritt eine zentrale Rolle spielen.

Ein „Gottesbild", in dem Gott als Vater, als Mann im biologischen Sinne, gesehen wird, steht nicht nur im Widerspruch zum ersten Gebot, sich kein Bild von Gott zu machen, sondern behindert die Gleichstellung der Frau, auch in Religion und Gesellschaft. Wer sich auf einen spirituellen Weg macht, z. B. durch regelmäßige Meditation, wird zu einem eigenen, individuellen Verstehen religiöser Texte und zu einem tieferen Verstehen von Welt und „Wirklichkeit" kommen. Es erscheint dann geradezu lächerlich, wenn Menschen mit ihrem kleinen Verstand etwas erklären wollen, was unendlich größer ist als ihr Verstand.

(AG) Männer lieben die Begriffe, Frauen die Bilder. Es ist wichtig, dass wir die bildhafte Sprache der Bibel verstehen. Dann entgehen wir einer rein männlichen Auslegung. Die christliche Tradition hat das immer schon gewusst. Ich möchte nur ein Beispiel anführen: Jesus sagt im Sterben: **„Vater, in deine Hände lege ich meinen Geist."**[54] „Vater" meint immer auch den mütterlichen Gott. Das hat die christliche Tradition im Bild der Pietá dargestellt: Maria hält den toten Jesus in ihrem Schoß. Dieses Bild vermittelte den Gläubigen: Im Tod fällst Du in Gottes mütterliche Arme. Gott ist immer beides zusammen – Vater und Mutter. Und Gott ist mehr als diese Bilder.

Gott ist jenseits aller Bilder.

[54] Lukas 23:46

Eine Einladung

(FA) Der Buddhismus bietet als eine zentrale Übung die Beobachtung des Atems an – ein Weg zu sich selbst, um mit dem Auf und Ab des Lebens besser klarzukommen, um den unruhigen, umherschweifenden Geist zu beruhigen. Diese Übung ist völlig losgelöst von einem „Gottesbild“ und sehr effektiv, wenn Sie sie immer wieder machen.

Die drei Stufen des bewussten Atmens lassen sich leicht einüben. Üben Sie täglich, am besten mehrmals, für ein paar Minuten in dieser Weise[55]:

- Ich atme ein und ich weiß, dass ich einatme.
Ich atme aus und ich weiß, dass ich ausatme.

- Ich beobachte mein Einatmen von Anfang bis Ende.
Ich beobachte mein Ausatmen von Anfang bis Ende.

- Mit dem Einatmen nehme ich meinen Körper wahr.
Mit dem Ausatmen erlaube ich meinem Körper, sich vollkommen zu entspannen.

[55] Nach Thich Nath Hanh

(AG) Nach seiner Auferstehung sagt Jesus zu seinen Jüngern: **„Ich bin es selbst."**[56] Eine gute Übung könnte dazu sein, beim Einatmen zu sagen: **„Ich bin …"** Dabei stellen Sie sich vor, wie der Atem ins Herz strömt. Sie spüren sich dabei.

Beim Ausatmen sagen Sie: **„… ich selbst."** Das Ausatmen führt Sie in den Grund Ihrer Seele, in den inneren Raum der Stille. Dort sind Sie ganz Sie selbst. Dort fallen alle Bilder weg, die Sie von sich haben wie: Mann oder Frau, Deutscher oder Ausländer, Chef oder Angestellte, Ärztin oder Therapeut. Dieses Selbst können Sie genauso wenig beschreiben wie Gott. Es ist jenseits aller Bilder.

Wenn Sie diese Worte eine Zeit lang meditieren, erleben Sie eine innere Freiheit: **„Ich muss mich nicht beweisen, mich nicht rechtfertigen, nichts darstellen. Ich bin einfach ich selbst."** Sie spüren das Geheimnis Ihrer einzigartigen und einmaligen Person. Und in diesem reinen Sein haben Sie zugleich teil an Gott, der nach Thomas von Aquin ‚reines Sein' ist („esse" im Gegensatz zu „ens", zum „Seienden").

[56] Lukas 24:39

Industrie 4.0 und der Mensch

(FA) In den USA wie auch in Europa gibt es einen Trend, weg von einer Geldwirtschaft hin zu einer Selbstverwirklichungsgesellschaft. Immer mehr Menschen verzichten auf materielle Vorteile zugunsten sinnvoller und wertschöpfender Tätigkeiten. Die Bundeszentrale für Politische Bildung schreibt am 31.05.2012 unter dem Stichwort „Wertewandel"[57]: **„In entwickelten liberalen Gesellschaften hat sich ein einschneidender Wertewandel vollzogen. Statt Vermögen und Besitztum stehen Selbstverwirklichung und Kommunikation im Vordergrund."**

Selbstverwirklichung beinhaltet die Suche nach persönlicher und geistiger Entwicklung. Sie sucht Orientierung in sozialen und ideellen Bereichen und fragt nach dem, was nachhaltig gut und segensreich ist. Sie stellt damit das alte betriebswirtschaftliche Paradigma infrage, nur das „Immer-Mehr" auf der materiellen Ebene mache die Menschen glücklich. Das neue Denken der Selbstverwirklichungsgesellschaft fragt nach Sinn und Bedeutung unseres Tuns und damit auch nach dem Sinn von Entwicklungen und Fortschritt.

Segnen, das Gute sagen, bekommt bei der Frage, wann das Neue zum Segen wird, noch eine tiefere Bedeutung. Unseren Worten und Taten gehen Denken und Wollen voraus.

Gutes zu sagen setzt voraus, Gutes zu denken und Gutes zu wollen.

[57] http://www.bpb.de/politik/grundfragen/deutsche-verhaeltnisse-eine-sozialkunde/138454/werte-milieus-und-lebensstile-wertewandel (aufgerufen am 11.04.2017)

Ganz wesentlich ist die Absicht hinter unserem Handeln. Philosophen sprechen hier von Gesinnungsethik. Wenn wir Gutes wollen für andere, aber auch für uns selbst, werden unsere Worte und unsere Taten dieser Absicht folgen. Als Hersteller und als Händler müssen wir dann fragen: Ist das gut für den Kunden oder nur für den Gewinn? Oder noch umfassender: Ist das gut für alle und für die Schöpfung?

Das Gegenteil dieser Haltung – für den anderen Gutes zu wollen – gilt in den USA als offizielles Geschäftsprinzip: Was nicht kaputtgeht, ist schlecht für das Geschäft. Der Eigennutzen in Form von Gewinn wird über den Nutzen des Kunden gestellt, der an einem langlebigen Produkt mehr Freude hätte. Dieses Prinzip ist als sogenannte „geplante Obsoleszenz" inzwischen weltweit verbreitet. Entsprechend werden viele Produkte so hergestellt, dass sie oft kurz nach Ablauf der Garantiezeit kaputtgehen. Der Kunde muss ein neues Gerät kaufen. Gut fürs Geschäft!

Vielleicht haben Sie das schon selbst erlebt, dass im ungünstigsten Moment, wenn Sie beispielsweise mitten in einer Arbeit sind, ein Gerät seinen Geist aufgibt, oder dass Sie Dinge kostenintensiv ersetzen müssen. Liegt auf solchen Produkten, auf einem solchen Denken ein Segen? Die Kasse mag stimmen, aber wie geht es den Menschen damit?

Der Blick der Verantwortlichen in der Wirtschaft beschränkt sich weitgehend auf ein enges Gewinndenken entsprechend der „Logik" unseres Wirtschaftssystems. Nach der Lehre von Adam Smith, dem Vordenker unseres Wirtschaftssystems aus dem 18. Jahrhundert, sorgt eine „unsichtbare Hand" dafür, dass Egoismus und Gewinnstreben des Einzelnen durch die Marktmechanismen zum Wohl aller führen. Wir sind aufgefordert, egoistisch zu sein und Gewinn als erstes Ziel anzustreben, da dies durch die „unsichtbare Hand" allen zum Segen gereichen wird. Ein gewaltiger Irrtum!

Es wird meist übersehen, dass Adam Smith Professor für Moralphilosophie war und durch sein Werk „Theorie der ethischen Gefühle“ bekannt wurde. Er setzte in seinem Spätwerk „Der Wohlstand der Nationen“ mit der Metapher der „unsichtbaren Hand“ eine Ethik des Einzelnen als selbstverständlich voraus, wie es wohl auch dem damaligen Zeitgeist entsprach.

Ohne eine Ethik und ohne ein Verantwortungsbewusstsein, das über Gewinn und Wohlergehen der eigenen Person und des eigenen Unternehmens hinausgeht, werden die Aktivitäten der Wirtschaftssubjekte selten zum Segen. Erst die Frage „Dient das dem Wohl aller?“, erst der Blick auf das Ganze, in das wir eingebunden sind, führt zu einer segensreichen Werteorientierung.

Das ist im Kern eine Werteverschiebung vom Eigeninteresse zum Gemeinwohl, ein neues Denken, das sich in der westlichen Welt in vielen Initiativen und Entwicklungen immer deutlicher zeigt. Das entspricht der Forderung, entsprechend der Reichweite von Neuerungen und Veränderungen ein Bewusstsein von den Folgen und Verantwortung dafür zu entwickeln.

Das „Neue“ – als technische, soziale oder methodische Entwicklung – wird erst dann zum Segen, wenn es eine dienende Funktion gegenüber dem großen Ganzen hat, wenn es dem Glück aller dient.

Gewinn ist ein einseitiges Regulativ, das nicht auf Segen ausgerichtet ist.

(AG) Die alttestamentlichen Beter beklagen sich oft bei Gott, dass es den Frevlern, denen, die nur auf Geld aus sind, so gut geht, während die Frommen oft zu leiden haben. Im Psalm 73 beschreibt ein Beter die Frevler: **„Sie höhnen (…) und reden von oben herab. (…) Sie reißen ihr Maul bis zum Himmel auf und lassen auf Erden ihrer Zunge freien Lauf. Darum wendet sich das Volk ihnen zu und schlürft ihre Worte in vollen Zügen."**[58] Doch dann gehen die Beter in den Tempel. Da wird ihnen auf einmal bewusst, **„wie sie enden. Ja, du stellst sie auf schlüpfrigen Grund, du stürzt sie in Täuschung und Trug. Sie werden plötzlich zunichte, werden dahingerafft und nehmen ein schreckliches Ende."**[59]

Auch wenn der Psalmbeter oft genug erlebt, dass es den Geldgierigen besser geht, vertraut er auf Gottes Gerechtigkeit. Und die zeigt sich darin, dass das vermeintliche Glück des Frevlers brüchig ist. Es ist nicht nur im Blick auf das Ende brüchig, es ist auch im Leben oft genug erkauft und mündet in innerer Leere und Sinnlosigkeit. Solche Menschen sind oft von ihrem Herzen abgeschnitten. Sie sind gefühllos und daher können sie gar nicht genießen, was sie angehäuft haben.

Jesus erzählt den Menschen, die meinen, sie könnten immer mehr verdienen und immer höher hinauswollen, das Gleichnis vom reichen Kornbauern. Der denkt nach einer guten Ernte darüber nach, immer noch größere Scheunen zu bauen. Dann könnte er in aller Ruhe sein Leben genießen.

[58] Psalm 73:8-10
[59] Psalm 73:17-19

„Da sprach Gott zu ihm: Du Narr! Noch in dieser Nacht wird man dein Leben von dir zurückfordern. Wem wird dann all das gehören, was du angehäuft hast? So geht es jedem, der nur für sich selbst Schätze sammelt, aber vor Gott nicht reich ist."[60]

Reich auf Gott hin ist der, der sich nach Werten richtet, der bei allem Wirtschaften an seine Verantwortung für die Menschen und für die Schöpfung denkt. Wer nur um sich und den immer größeren Profit kreist, der steht zuletzt mit leeren Händen da. Jesus mahnt uns, immer an das Ende zu denken. Das haben schon die Lateiner ähnlich gesehen, Sie kennen den Spruch: „Quidquid agis, respice finem", d. h.: **„Was immer du tust, bedenke das Ende."** Bedenken wir in all unserem Tun, wie es ausgeht.

(FA) Dieses rein kommerzielle Denken ohne Blick auf die Menschen erreicht im Denkmodell „Industrie 4.0"[61] eine neue Dimension. Der Mensch mit seinen tiefen Bedürfnissen kommt darin gar nicht vor. Das Ziel ist nur die Erhöhung der Produktivität der Wirtschaft durch eine immer umfassendere Digitalisierung. Mit immer weniger Menschen im Arbeitsprozess sollen immer mehr Produkte geschaffen werden. In der fortschreitenden Digitalisierung steuern sich die Systeme selbst über hochkomplexe Computerprogramme.

[60] Lukas 12:20 f.

[61] 4.0, nach dem sich weite Kreise der deutschen Wirtschaft ausrichten; https://de.wikipedia.org/wiki/Industrie_4.0 (aufgerufen am 26.03.2017)

Ein Automobilhersteller warb vor Kurzem in den Zeitungen ganzseitig: „Vor 130 Jahren haben wir das Pferd ersetzt. Jetzt ersetzen wir den Kutscher." Wo liegt der Sinn? Welches Menschenbild steht hinter einem derartigen Denken?

Die technische Entwicklung möchte immer mehr ohne den Menschen auskommen.

Es ist die konsequente Weiterentwicklung der Ideologie des unendlichen Wachstums. Um „die Wirtschaft" weiter wachsen zu lassen, müssen Menschen immer mehr produzieren. Der Weg ist eine immer größere Automatisierung von Arbeitsprozessen. Die Menschen müssen sich den damit verbundenen Veränderungen der Arbeitsbedingungen anpassen und dem „Gott Wirtschaftswachstum" dienen oder sie werden zum „Wohlstandsmüll", wie das ein Topmanager einmal postulierte.

Durch Abraham sollen alle Völker Segen erlangen, sagt die Bibel, das mit Abstand meistgelesene Buch der Erde. Liegt auf unseren Automobilkonzernen ein Segen, wenn diese immer schnellere und bessere Autos bauen, immer mehr Gewinne machen und gelegentlich etwas schummeln, wenn es um den Umweltschutz geht? Die Steigerung des kurzfristigen Vergnügens und der kurzfristigen Erfolge gehen in den Industrieländern zu Lasten der Langzeitfolgen für die gesamte Menschheit und der Erde.

Eine Einladung

(FA) Fast alle Unternehmen haben ein Leitbild; das ist schick und meist schön gestaltet im Internet und auf Hochglanzpapier zu sehen. Wie wird es gelebt?

Erstellen Sie zuerst – am besten schriftlich – für sich ein persönliches Leitbild mit den Werten, die Ihnen wichtig sind, etwa Gesundheit, Zufriedenheit, Familie, aber auch Erfolg und Wohlstand usw.

Im zweiten Schritt legen Sie fest, was Sie konkret tun wollen, um diese Werte und globalen Ziele mit Leben zu füllen (beispielsweise beim Thema „Gesundheit“: **„Ich trinke max. drei Tassen Kaffee am Tag, mehr Tee und zwei Liter Wasser“).**

Im letzten Schritt erarbeiten Sie Leitsätze und Prinzipien, die Ihnen die Umsetzung erleichtern. (Eines meiner Prinzipien: „Unangenehmes zuerst!“, ein anderes: „Tu es gleich!“)

Der neue Gott „Wachstum“

(FA) Unser technisches Zeitalter ist geprägt von einem ungezügelten Fortschrittsglauben, der jegliche technische Entwicklung als Segen für die Menschen anpreist. Dem stehen immer mehr Kritiker entgegen, die auf Ressourcenvernichtung, Umweltbelastung u. a. verweisen, die als echten Fortschritt nur das betrachten, was zum Segen wird für alle, indem es einer ganzheitlichen und nachhaltigen Verbesserung der Lebensbedingungen aller Lebewesen dient.

Allgemein meint Fortschritt das Fortschreiten, das Weitergehen – im Gegensatz zu Stillstand oder Rückschritt.

Wir haben meist das Bild von Technik oder Zahnrädern, die sich bewegen sollen, oder unser Blick geht auf Güter und Leistungen, die „immer mehr“ werden sollen. Wir denken an die Vermehrung von Wissen, von Fähigkeiten und vor allem an immer mehr technische Möglichkeiten. Viele Erfindungen erleichtern uns das Leben, wenn wir beispielsweise an Haushaltsgeräte oder an Mobilität denken. Moderne Operationstechniken, Antibiotika usw. erleichtern uns nicht nur das Leben, sondern tragen zur Lebenserhaltung bei. Welche der vielen technischen Errungenschaften ist aber wirklich ein Segen für unsere Gesellschaft?

Echter Segen ist nur das, was nachhaltig zu einer Verbesserung für das große Ganze führt. Das „große Ganze“ oder „größere Ganze“ ist der Aufruf, über den eigenen Brillenrand hinauszusehen. Niemand lebt unabhängig von dem, was um ihn herum passiert. Von daher wird nur jenes Handeln zum Segen gereichen, das die Folgen für das Ganze im Blick hat, über das Persönliche hinaus – soweit wir es erfassen können. Und das Leid, das wir – oft durch fehlende Achtsamkeit – anderen zufügen, holt uns früher oder später wieder ein.

Das „Bündnis Zukunft der Industrie", in dem sich alle wichtigen Industrieverbände unter Federführung des BMWi zusammengeschlossen haben, lobpreist in einer Broschüre[62] die „Segnungen", die uns die Industrie gebracht hat und in Zukunft noch viel mehr bringen wird. Die Themen „Burnout", „Fachkräftemangel", „Führung von Menschen" oder der „Mensch als fühlendes Wesen" kommen in diesem Text und damit im Denken unserer Wirtschaftsstrategen nicht vor. Das „Ganze" umfasst aber auch den fühlenden und erlebenden Menschen, insbesondere, da unsere Wirtschaft ja den Menschen dienen will und soll.

Real führt dieses rein technische und wirtschaftliche Denken zu wachsenden Problemen, vor allem für Menschen, die Verantwortung tragen und auch tragen wollen. Von vielen Führungskräften, besonders in den „Sandwich"-Positionen, erfahre ich in Seminaren und im Coaching nahezu ununterbrochen, wie dieser Druck des „Immer-Mehr" zu unerträglichen Belastungen führt. Ein Bereichsleiter eines bekannten Energiekonzerns sagte zu mir: „Ich schaffe die ständig wachsende Arbeit nicht mehr in angemessener Qualität. Ich werde kündigen, auch wenn ich noch keine neue Stelle habe, bevor ich krank werde."

[62] „Unsere Industrie - Innovativ. Intelligent. International", als PDF unter http://www.bmwi.de/Redaktion/DE/Publikationen/Industrie/unsere-industrie.html (aufgerufen am 11.04.2017)

Ein Abteilungsleiter eines Automobilherstellers erzählte in einem Kurs: „Früher waren wir acht Abteilungsleiter, jetzt sind wir fünf und haben noch weitere Aufgabenbereiche dazubekommen." Die Liste der Klagen über das ständig wachsende Arbeitspensum ist endlos. Die Feststellung „Bei uns ist es menschlich und schön" ist eine sehr seltene Ausnahme und ist nur von Mitarbeitern in eigentümergeführten kleineren Unternehmen zu hören.

Wir haben gelernt, mit gefährlichen Dingen umzugehen, mit Messern, Sägen, Säuren usw. Oft gibt es dazu Schutzkleidung oder technische Schutzeinrichtungen wie Abdeckungen. Eine körperliche Verletzung, wenn man nicht achtsam ist, löst über den Schmerz bei den meisten Menschen einen schnellen Lernprozess aus. Bei vielen globalen Entwicklungen sind die schädlichen Folgen aber nicht sofort spürbar. Es bedarf einer zusätzlichen geistigen Anstrengung, die Dinge zu Ende zu denken, um die langfristigen Folgen und Gefahren zu erkennen.

Technik und Fortschritt sind nicht per se segensreich, erst der verantwortungsvolle Umgang damit macht sie zum Segen.

Wo und wie wird der richtige Umgang mit Geräten und Technik im Alltag trainiert, gelehrt, gelebt? Carl Benz ließ 1886 seinen ersten Motorwagen patentieren, 1909 entstand die allgemeine Führerscheinpflicht. Können wir heute 23 Jahre warten, um beispielsweise einen „Internetführerschein" einzuführen? Das Tempo der Entwicklung und die rasante Verbreitung von technischen Neuerungen erfordern völlig andere gesellschaftliche Instrumente und eine angemessenere Art der Verantwortung, damit Fortschritt zum Segen wird.

Wachstum und Gewinn sind sekundäre Ziele, die dem primären globalen Streben der Menschen nach Glück nachstehen müssen. Ein verantwortungsbewusster Unternehmer und Entscheider – in diesem Sinn – hat über den kurzfristigen Nutzen hinaus immer das Wohl der Menschen und der gesamten Schöpfung im Blick. Er fragt damit nach dem Segen seines Tuns und Lassens für das Ganze. Gewinne sind notwendig, aber nicht Selbstzweck und auch nicht das höchste Ziel.

Gewinne sind nur dann segensreich, wenn sie angemessen sind und zum Wohl des größeren Ganzen eingesetzt werden.

Eine Einladung

(FA) Nehmen Sie sich Zeit, um zu prüfen, ob Sie „das Neueste“ oder etwas Neues wirklich brauchen. Sie können die Wahrheit des Satzes „Weniger ist mehr“ dabei immer wieder neu erfahren.

Nehmen Sie sich Zeit, um Veränderungen in Abläufe zu integrieren, um Routinen zu entwickeln, die Sie entlasten.

Nehmen Sie sich Zeit, um die Segnungen des Fortschritts zu genießen.

Sie bekommen die Zeit, wenn Sie sie einfach einplanen wie einen wichtigen Termin.

Sie bekommen die Zeit, wenn Sie Ihre Arbeitszeit verkürzen auf 80 oder 70 Prozent. (Dem Einkommensverlust steht der Gewinn an Lebensqualität gegenüber.)

Führung ist für die meisten Führungskräfte schon immer eine Teilzeitbeschäftigung, sie verbringen die meiste Zeit mit Sachaufgaben, die delegierbar sind. So ist Führung, auch die Geschäftsführung, als Teilzeitjob gut möglich, auch als Halbtagstätigkeit.

„Vaterunser – gib uns immer mehr …“

(AG) Viele Christen beten täglich das „Vaterunser“, das Gebet, das Jesus seinen Jüngern lehrte. Die ersten Bitten richten sich an Gott, dass Gottes Reich komme und sein Wille geschehe.

Wenn Gott im Mittelpunkt steht,
dann finden auch wir zu unserer Mitte.

Dann spüren wir, worum es eigentlich in unserem Leben geht. Bevor wir also um unsere Bedürfnisse kreisen, sollten wir erst einmal den Blick zum Himmel erheben. Wenn der Himmel sich über uns öffnet, dann erkennen wir, worum es in unserem Leben auf der Erde geht.

Erst nach diesen Bitten um das Wirken von Gottes Wille und Gottes Reich beten wir weiter für uns selbst: **„Unser tägliches Brot gib uns heute.“**[63] Die Exegeten sind sich nicht ganz einig, wie sie das griechische Wort „epiousios“, das dem Wort „Brot“ beigefügt ist, übersetzen sollen. Die einen übersetzen es so: „Gib uns heute das Brot, das wir morgen brauchen.“ Wir sollen heute so viel verdienen, dass wir morgen für unsere Familie genügend zu essen haben. Andere übersetzen es mit der Formulierung: „das Brot, das wir brauchen“, „das für unseren Lebensunterhalt notwendige Brot“. Auf jeden Fall hat Jesus mit dieser Bitte arme Menschen vor Augen, die sich darum mühen müssen, den täglichen Lebensunterhalt zu verdienen. Die lateinische Übersetzung versteht das

[63] Matthäus 6:11

Wort als „superstantialis" und meint damit „überwesentlich". Es sind also auch geistige Werte, um die wir bitten sollen. Und die Lateiner beziehen dieses überwesentliche, göttliche Brot auf die Eucharistie. Sie nährt uns wirklich.

Lukas hat die Brotbitte anders formuliert: **„Gib uns täglich das Brot, das wir brauchen."**[64] Man könnte auch übersetzen: „Unser Brot, das wir nötig haben, gib uns Tag für Tag." Lukas hat nicht mehr die Jünger im Blick, die bei ihrer Predigt herumwandern und auf die Hilfe der Menschen angewiesen sind. Er rechnet damit, dass das Leben des Christen lange dauert. So soll der Christ täglich das Vertrauen in Gottes Fürsorge üben. Lukas übersetzt das Vaterunser in die alltägliche Situation, wie wir sie auch kennen, und bezieht sie auf unsere tägliche Sorge, unseren Lebensunterhalt bestreiten zu können. Er hat unseren Lebensstil vor Augen, der geprägt ist von der Verantwortung füreinander.

Auch die Kirchenväter haben bei der Brotbitte an den täglichen Lebensunterhalt gedacht. Sie mahnen die Christen, dass sie um genügend Brot beten sollen und nicht um Reichtum oder Luxus. So sagt der christlich-philosophische Denker Gregor von Nyssa: **„Wir sollen lediglich um das bitten, was zur Erhaltung des leiblichen Daseins ausreicht, nicht um Üppigkeit und Reichtum, nicht um farbenprächtige Purpurgewänder, nicht um Goldschmuck und glitzernde Edelsteine."**[65] Gott darf nicht dazu benutzt werden, dass wir möglichst reich werden. Wir sollen uns an Gott wenden, damit wir **genügend** haben, um leben zu können.

[64] Lukas 11:3

[65] Zitiert bei Ulrich Luz; Das Evangelium nach Matthäus, Band I/1, S. 450

Die Brotbitte ist nur eine der sieben Bitten. Entscheidend ist, dass wir offen werden auf Gott hin. Und diese Offenheit soll uns auch auf die Menschen hin öffnen. Daher bitten wir um „unser" Brot – das Brot, das wir auch mit anderen teilen. Und nach dieser Bitte hat Jesus unsere Beziehungen zueinander im Blick. Wir sollen einander vergeben. Und Gott möge uns vor der Versuchung bewahren, die in der Gier nach Geld und Reichtum steckt. Die Bitte um das tägliche Brot ist immer auch die Bitte um das, was wir wirklich zum Leben brauchen. Und das ist nicht nur das Brot, das wir essen. Das ist auch der Sinn, der uns auf eine tiefere Weise nährt.

Eine Einladung

(AG) Gehen Sie mal durch Ihr Haus und fragen Sie sich:

- Brauche ich alles, was in den Schränken steht?
- Brauche ich alles, was in meiner Wohnung herumsteht?
- Wie würde es mir gehen, wenn ich dieses oder jenes verschenke oder weggebe? Fehlt mir dann etwas? Oder fühle ich mich freier?

Und dann überlegen Sie sich:

- Was brauche ich wirklich zum Leben?

Sie können sich auch die beliebte Frage stellen:

- Wenn ich auf eine einsame Insel ziehen würde, welche 5 Dinge würde ich auf jeden Fall mitnehmen?

Natürlich ist das eine fiktive Vorstellung, aber indem Sie diese spielerische Übung machen, entdecken Sie, was Sie wirklich im Leben trägt und was Sie wirklich brauchen.[66]

[66] Gute Hinweise finden Sie bei Karen Kingston „Feng Shui gegen das Gerümpel im Alltag".

Die digitale Verblödung

(FA) Das Handy hat schon viele Leben gerettet. In den Zeitungen finden sich zahlreiche Beispiele von Notfällen aller Art, bei denen die Möglichkeit, per Handy rasch Hilfe zu rufen, sehr segensreich war. Von allen tatsächlichen Nutzungen des Handys sind das extrem seltene Ausnahmen. Die neuen technischen Kommunikationsmöglichkeiten dienen in den allermeisten Fällen dazu, völlig Belangloses zu verbreiten oder sich abzulenken. Dabei produzieren wir digitalen Müll in ungeheurem Ausmaß.

Bei zahlreichen schweren Unfällen wurde nachgewiesen, dass die Verursacher durch ein Smartphone abgelenkt waren. Der Fahrdienstleiter in Bad Aibling ließ auf einer eingleisigen Strecke zwei Züge gleichzeitig gegeneinanderfahren, weil er mit einem Onlinespiel auf seinem Smartphone beschäftigt war. Viele Führungskräfte klagen über die verbreitete Unsitte, dass Kollegen in Besprechungen nebenbei das Handy nutzen für sachfremden Informationsaustausch.

Handy, Internet und digitaler Konsum jeglicher Art kann uns kurzfristiges Vergnügen bringen, jedoch folgt darauf zeitversetzt meist Reue oder ein „Kater“, wie er einem übermäßigen Alkoholgenuss folgt. Es ist schon merkwürdig:

Je mehr Möglichkeiten uns der Fortschritt eröffnet,
desto wichtiger wird es, Regeln und Disziplin zu entwickeln,
damit sie uns zum Segen gereichen.

Wir haben die Qual der Wahl und oft ist es nur eine Entscheidung, etwas zu tun oder zu lassen. Dies erfordert Willenskraft, Verzicht und Disziplin – und das ist anstrengend. Deswegen geben viele Menschen lieber der Versuchung nach.

Wir haben heute einen, vor wenigen Jahrzehnten noch unvorstellbaren, schnellen und umfassenden Zugriff auf Wissen. Beim Schreiben, bei Vorbereitungen auf einen Vortrag oder auf ein Seminar ist es sehr hilfreich, schnell etwas nachschlagen oder suchen zu können. Wie sieht jedoch die Kehrseite der Medaille aus? Verlieren wir dadurch geistige Fähigkeiten? Steigt die Zahl von Alzheimer-Syndrom-Fällen parallel zum gesamtgesellschaftlichen Anwachsen der Vergesslichkeit? Gehen mit der Veränderung unserer geistigen Aktivitäten – vom analogen Lernen hin zum Internetsurfen – wesentliche menschliche Fähigkeiten verloren?

Sprachlich hat sich der neue Umgang mit Informationen bereits etabliert als sogenanntes „Googeln". Das Wort hat sogar in den Duden Eingang gefunden. Wenn junge Menschen bis zu zehn und mehr Stunden „im Netz" sind, sich mit einer virtuellen und digitalisierten Welt, statt mit der realen Welt auseinandersetzen, werden sie die Fähigkeit zur Orientierung in dieser realen Welt und die Bewältigung der sozialen Prozesse verlernen bzw. erst gar nicht erwerben.

Koreanische Wissenschaftler haben 2007 den Begriff der „digitalen Verblödung" eingeführt für die Beobachtung, dass sich junge Erwachsene immer weniger konzentrieren können, sich nichts mehr merken können, Probleme mit dem Lesen von Texten haben, müde, motivationslos und emotional abgestumpft sind. Diese Problematik wird mir zunehmend auch von Führungskräften in

Deutschland geschildert, oft verbunden mit der Klage, digital fixierte Mitarbeiter stellten immense Ansprüche, seien von sich selbst sehr überzeugt, zugleich aber immer weniger belastbar und leistungsfähig. Die Ursachen des Leistungsabfalls bei jungen Leuten sehen Schlafforscher und Psychologen in der Nutzung von Smartphones am Abend. Von 148 befragten Jugendlichen zwischen 14 und 20 Jahren – Schüler, Studenten und Azubis – greifen drei Viertel in den letzten zehn Minuten vor dem Einschlafen noch einmal zum Smartphone. Ein Viertel nimmt das Handy mit ins Bett.[67] Norwegische Forscher befragten dazu über 10.000 Jugendliche. Wer in der Stunde vor dem Zubettgehen auf Smartphone, Tablet & Co. schaue, schlafe deutlich schlechter. Es gibt also einen engen Zusammenhang zwischen häufiger Smartphone-Nutzung und Schlaflosigkeit: Die Einschlafphasen dauern länger, die eigentliche Schlafzeit wird kürzer.[68]

Was passiert im Kopf eines Kindes, das sich vor dem Einschlafen aus dem Internet unkontrolliert dieses und jenes „reinzieht"? Eine mögliche Antwort auf diese Unart erzählte mir ein Vater von vier halbwüchsigen Kindern. Er sammele in seiner Familie um neun Uhr abends alle Handys ein. Nach anfänglichen Protesten würden die Kinder diesen Brauch inzwischen als Erleichterung erleben.

[67] https://www.welt.de/print/die_welt/wissen/article155434510/Im-Bett-mit-dem-Smartphone.html (aufgerufen am 12.04.2017)

[68] http://www.gesund24.at/gesund/Schlafstoerungen-durch-zu-viel-Bildschirm-Zeit/175423537 (aufgerufen am 12.04.2017)

(AG) Statt vor dem Zubettgehen noch sein Smartphone zu benutzen, ist der alte christliche Brauch des Abendsegens wesentlich hilfreicher. Ich mache mit den Teilnehmern an den Führungsseminaren folgendes Abendritual: Wir halten unsere Hände offen in Form einer Schale vor uns hin. Wir halten in den Händen alles hin, was wir heute in die Hand genommen, auf den Weg gebracht, gehandelt und gesprochen haben. Wir verzichten darauf, es zu bewerten.

Wir halten alles Gott hin im Vertrauen, dass er aus allem Segen entstehen lässt.

Gott möge auch das nicht optimal geführte Gespräch noch zum Segen werden lassen. Gott möge aus einer Entscheidung Segen wachsen lassen usw.

Viele können abends nicht einschlafen, weil sie ständig nachdenken: „Hätte ich doch lieber ..., wäre ich doch besser ..." Doch dieses Nachgrübeln raubt ihnen die Ruhe. Der Segen Gottes dagegen entlastet den Menschen am Abend und schenkt ihnen einen gesunden Schlaf.

Das Abendgebet oder Abendritual ermöglicht es mir, den Tag Gott zu übergeben, in dem Vertrauen, dass er alles segnet, was gewesen und geschehen ist. Anschließend bitte ich auch um den Segen Gottes für die Nacht. Gott möge meinen Schlaf segnen, damit ich mich loslassen und in Gottes gute Hände fallen lassen kann.

Eine Einladung

(AG) Setzen Sie dem gedankenlosen Umgang mit den digitalen Medien konkrete Regeln entgegen – für sich selbst und damit auch, wenn Sie das vorleben, für Ihre Kinder. Zeitliche Raster und konkrete Gewohnheiten sind dabei sehr hilfreich:

- Wann ist Zeit für Fernsehen?
- Wann werden E-Mails geschrieben?
- Wie lange werden Spiele gespielt usw.?

Schalten Sie die Geräte auch in den Pausen ganz aus. (Ein Fernseher verbraucht auch im Stand-by-Modus Strom.)

Finden Sie positive Inhalte für die medienfreie Zeit, die Freude machen. Führen Sie dazu ein Liste zu den Stichpunkten: „tue ich gerne"; „kann ich genießen" usw.

Setzen Sie sich und anderen Grenzen, die Ihnen allen guttun. Halten Sie Regeln und Grenzen am besten schriftlich für alle sichtbar fest.

Vom Denken zum Googeln

(FA) Seit jeher haben Erfindungen und Erkenntnisse zur Entwicklung von Kultur und Gesellschaft beigetragen, von der Erfindung der Schreibkunst über die Möglichkeit der Atomspaltung bis zur technischen Verarbeitung von Informationen.

Was gereicht uns zum Segen? Was gereicht uns zum Fluch? Diese Fragen sind so alt wie die Menschheit.

Von Platon überliefert ist der Mythos vom Gott Theuth, dem Erfinder der Schreibkunst, und dem ägyptischen König Thamus. Theuth preist Thamus seine Neuerung an: „Dies ist, mein König, ein Lehrgegenstand, der die Ägypter klüger machen und ihr Gedächtnis verbessern wird. Denn meine Erfindung ist ein Mittel für Gedächtnis und Wissen." Doch der König antwortet: „Theuth, du Meister der Künste: einer hat die Fähigkeit, die Produkte der Kunst herzustellen, ein anderer aber kann beurteilen, in welchem Maße sie Schaden bringen und Nutzen für die, die damit umgehen sollen. Und jetzt hast du, weil du der Vater bist der Buchstaben, aus Zuneigung das Gegenteil von dem gesagt, was ihre Wirkung ist. Denn diese Erfindung wird in den Seelen derer, die sie erlernen, Vergesslichkeit bewirken, weil sie ihr Gedächtnis nicht mehr üben; denn im Vertrauen auf Geschriebenes lassen sie sich von außen erinnern durch fremde Zeichen, nicht von innen heraus durch sich selbst. Also hast du ein Mittel nicht für das Gedächtnis, sondern eines für die Erinnerung gefunden. Was aber das Wissen angeht, so verschaffst du den Schülern nur den Schein davon, nicht wirkliches Wissen. Denn da sie durch deine Erfindung vieles hören, ohne mündliche Unterweisung, werden sie sich einbilden, vieles zu verstehen, wo sie doch gewöhnlich nichts verstehen und der Umgang mit ihnen ist schwierig, da sie überzeugt sind, klug zu sein, es aber nicht sind."[69]

Wenn schon die Erfindung der Schreibkunst für den Herrscher Ägyptens eine Bedrohung nicht nur für das Gedächtnis war, sondern noch mehr für die menschliche Fähigkeit, etwas aus sich selbst heraus zu wissen, was macht dann das Internet mit uns? Auch die Tatsache, dass der Umgang mit Menschen schwieriger wird, die sich für „klug" halten, „es aber nicht sind", erleben viele Führungskräfte als tägliche und wachsende Herausforderung.

(AG) Unsere Kultur ist ohne Schrift und ohne Worte nicht vorstellbar. Schreiben kann therapeutisch wirken; so hat es die jüdische Dichterin Hilde Domin erfahren. Wer schreibt, trägt jedoch auch Verantwortung für das, was und wie er schreibt. Es kommt auf die Kultur seiner Sprache an, ob sie versöhnend oder spaltend ist. Sein Schreiben kann aufrichten, etwas klären, Menschen mit der Weisheit seiner Seele in Berührung bringen. Oder aber er schreibt ungefiltert seinen inneren Mist heraus und verschmutzt damit seine geistige Umwelt. Dichter beispielsweise sehen ihre Aufgabe darin, die Sprache zu schärfen, dafür zu sorgen, dass die Sprache das innerste Wesen der Dinge zum Ausdruck bringt und nicht einfach tausend belanglose Dinge ausschüttet, die Menschen letztlich nicht berühren. Es wäre gerade bei den vielen Worten, denen wir heute begegnen, eine große Verantwortung für jeden, der schreibt, darauf zu achten, was er schreibt und aus welchem Geist heraus er schreibt. Er soll so schreiben, dass seine Worte zum Segen werden für die, die sie lesen.

[69] Ernst Heitsch; Platon Werke III,4 Seite 60-65

(FA) Mit der Informationstechnologie haben wir eine neue Dimension erreicht, die das „Sich-nichts-mehr-Merken" weiter eskalieren lässt. Die mentale Logik lautet: Warum soll ich mir das merken, wenn ich googeln kann? In Experimenten[70] haben Psychologen nachgewiesen: Menschen einer Gruppe merkten sich z. B. Straßen oder Orte schlechter, wenn sie wussten, dass diese im Computer gespeichert waren. Mitgliedern einer zweiten Gruppe wurde gesagt, dass die Daten sofort gelöscht würden. Diese hatten das bessere Gedächtnis.

Wenn unsere Fähigkeit, sich zu erinnern, nicht mehr geschult wird, dann wird auch eine andere Fähigkeit unseres Gehirns, nämlich die Dinge zu verknüpfen und damit zu neuen Einsichten zu kommen, verkümmern. Denn wenn nichts da ist, um es zu verbinden und in Beziehung zu setzen, außer der Mausklick auf „Google", dann wird unser Geist immer träger. Der bei Sportlern beliebte Spruch „use it or lose it" gilt gleichermaßen für körperliche wie für soziale und geistige Fähigkeiten.

Der Neuropsychologe Prof. Lutz Jäncke von der Universität Zürich stellte fest: „Begonnen hat alles mit Tieruntersuchungen, in denen gezeigt werden konnte, dass sich bei motorischem oder auditorischem Training die primären motorischen und auditorischen Hirnareale innerhalb kürzester Zeit anpassen. In diesem Zusammenhang war bemerkenswert, dass sich die neuronalen Netzwerke veränderten. Sie wurden in der Anfangsphase des Lernens größer, veränderten ihre Form und ihre Zusammensetzung. Diese ersten Befunde wurden durch bildgebende Untersuchungen zu Beginn der 90er Jahre auch am Menschengehirn nachgewiesen."[71]

[70] http://www.spiegel.de/gesundheit/psychologie/wissensmanagement-internet-macht-vergesslich-a-864775.html (aufgerufen am 12.04.2017)

[71] www.news.uzh.ch/de/articles/2006/1822.html (aufgerufen am 29.03.017)

Wenn sich Hirnareale entwickeln und vergrößern, wenn wir sie beanspruchen, werden sie sich nicht entwickeln, wenn wir, anstatt zu denken und zu lernen, im Netz surfen. Beim Aufenthalt in der „digitalen Welt" nehmen wir ein riesiges Durcheinander von Informationen auf und springen ständig in immer neue Themenfelder. Was machen diese Informationen mit uns, mit unserem Bewusstsein, unserem Erleben und damit mit unserer Seele? Fernsehen, SMS, Blogs, E-Mails – alles, was wir über unsere Sinne aufnehmen, ist geistiger Konsum von Eindrücken und behindert eher echtes Lernen, Wissen und Können.

Die Eindrücke, unverarbeitet und in großen Mengen, belasten unsere Psyche, die das Erlebte ja zuordnen und nutzen möchte, aber damit in kürzester Zeit völlig überfordert ist. Genauso, wie wir aufgenommene Nahrung verdauen müssen, wollen alle Sinneseindrücke „verdaut" werden. Wann soll das geschehen, wenn wir ständig neue Eindrücke aufnehmen und keine Zeit mehr für die Verarbeitung haben?

Jeder Elektriker muss drei Jahre lernen, bevor er eine Steckdose setzen darf. Wenn Sie sich im Baumarkt eine Maschine ausleihen, werden Sie eingewiesen. Alle diese Vorschriften und Beschränkungen dienen dem Schutz vor den Gefahren der Technik. Wer schützt uns und unsere Kinder vor den Gefahren der digitalen Welt? Wer lehrt uns, wie wir die Technik so nutzen, dass sie ein Segen wird?

Wenn wir verdorbene Nahrung aufnehmen, reagiert der Körper mit Krankheitssymptomen; giftige Nahrung kann zum Tod führen. Die Wirkung von geistigem Konsum, von Nachrichten, Filmen usw. kann vergleichbare Reaktionen hervorrufen, wenn wir nicht in der Lage sind, Art und Menge geistig zu „verdauen".

Die neuen Medien werden zum Fluch,
wenn sie nicht mit Regeln, Disziplin und Schulung gekoppelt werden.

Es ist relativ einfach, neue gute Gewohnheiten zu bilden, mit denen wir den digitalen Versuchungen entgehen. Ein abendlicher Spaziergang, Gesellschaftsspiele mit der Familie, ein interessantes Buch lesen, bewusst Musik hören, einen guten Freundeskreis pflegen, Hobbys pflegen ... Wir müssen uns nur entscheiden und anfangen, das Gute zur Gewohnheit werden zu lassen. Wenn wir erleben, dass es uns guttut, entsteht eine Motivation von innen, die es leichter macht, es immer wieder zu tun.

Eine Einladung

(FA) Dokumentieren Sie für ein oder zwei Wochen Ihren Umgang mit digitalem Konsum in Ihrer Freizeit (Fernsehen, Tablet, Handy, E-Mails usw.).

Notieren Sie dazu das Glücksgefühl, das dabei entstanden ist, auf einer Skala von -10 bis +10.

Notieren Sie, wie viel Zeit Sie für sich, für Stille und einfach für entspanntes Dasein hatten, und schätzen Sie ein, ob das ausgereicht hat und wie viel mehr Sie gerne davon hätten.

Werten Sie Ihre Notizen aus und überlegen Sie, mit welchen Maßnahmen Sie mehr Glück und Segen in Ihre Freizeitgestaltung bringen können.

Viel wissen – nichts können

(FA) Google wurde 1997 gegründet mit dem erklärten Ziel, „Informationen der Welt zu organisieren und für alle zu jeder Zeit zugänglich und nutzbar zu machen".[72] Wenn wir aber den Namen der Internetseite lesen, auf der das steht, sollte uns das nachdenklich machen: „Denke mit Google". Es mag Googles ehrbare Absicht sein, das Denken der Menschen zu unterstützen, führt aber faktisch ins Gegenteil, was sich in dem flotten Spruch niedergeschlagen hat: „Denken Sie noch oder googeln Sie schon?"

Nun erscheinen Informationen als Bilder oder Text in Sekundenbruchteilen auf dem Bildschirm. Was machen wir damit? Dient es unserem Glück?

Wissen ist segensreich, wenn es hilft, ein akutes Problem zu lösen.

Wir können uns auf YouTube zeigen lassen, wie der Akku am Notebook ausgetauscht wird oder uns interessante Vorträge anhören und vieles mehr. Wir können uns medizinisch informieren oder Rezepte suchen und, und, und ...

Das verfügbare Wissen, egal, wie viel wir davon haben, löst jedoch keines unserer echten Lebensprobleme: Was führt ins Glück? Was soll ich studieren? Wer ist der/die Richtige für mich? ... Orientierungswissen, das uns hilft, Fehler und Leid zu vermeiden, ist keine Frage der Wissensmenge, sondern die Fähigkeit, das eine Richtige zu erkennen und auch umzusetzen.

[72] www.thinkwithgoogle.com/intl/de-de/article/die-acht-saulen-der-innovation/ (aufgerufen am 29.03.2017)

Wir werden wieder auf uns selbst zurückgeworfen, auf Erfahrung, Intuition, Gnade, auf jene Teile unseres Lebens, die dem Verstand und der Logik nur sehr begrenzt zugänglich sind. Die wenigsten Informationen im Netz dienen als Hilfe und Ratgeber, und dann bleibt noch die Frage offen, welcher Rat der Richtige ist. Das Meiste im Netz ist Unterhaltung oder einfach gesagt Mist. Wenn wir auf das größere Ganze schauen, dann gehört dazu auch der riesige Energieverbrauch der Rechner von YouTube. Lorenz Hilty, Informatikprofessor an der Universität Zürich, hat berechnet: „Jeden Tag werden etwa vier Milliarden YouTube-Videos heruntergeladen. Dies verbraucht so viel Strom wie alle Schweizer Haushalte zusammen.“[73]

Für unzählige Menschen bedeutet es eine gewaltige Erleichterung und eine ganz wesentliche Beschleunigung der Informationsbeschaffung, einfach zu „googeln“. Damit ist auf der Sachebene Großartiges entstanden. Wissen ist extrem schnell und umfassend verfügbar. Wer aber hilft uns, zu wesentlicheren Einsichten und zu essenziellerer Erkenntnis zu kommen? Viel Wissen macht nicht automatisch weise, nicht einmal klug. Wie wende ich dieses Wissen an, um meine wirklichen täglichen Probleme zu lösen?

Wenn wir uns mit Inhalten auseinandersetzen, am intensivsten im Dialog oder in einer meditativen Betrachtung – manche nennen das „Nachdenken“ –, dann vertiefen und verarbeiten wir die Inhalte. Beim Springen von einem Link zum nächsten können wir in kurzer Zeit zwar viele Informationen zusammentragen, aber wir kommen in keine echte Auseinandersetzung mit den

[73] http://www.srf.ch/news/regional/zuerich-schaffhausen/youtube-frisst-taeglich-soviel-strom-wie-die-schweizer-haushalte (aufgerufen am 11.04.2017)

Informationen. Es fehlt damit etwas ganz Entscheidendes! Sich, wie König Thamus vor 3000 Jahren schon reklamierte, das Gehörte wie das Gelesene zu eigen zu machen, es zu einer eigenen Erkenntnis zu verarbeiten.

Informationen und Wissen tragen erst dann zu unserem Glück bei, wenn wir sie selbst so verarbeiten und überdenken, dass sie uns zu Erkenntnis und Einsicht führen.

Die Verarbeitung von Informationen braucht Zeit, die sich immer weniger Menschen nehmen, und das Überdenken dessen, was wir in uns aufnehmen, geschieht normalerweise in Ruhe, in der Stille, die viele Menschen aber nicht mehr aushalten können. Wir unterbinden die wichtigen inneren Prozesse, indem wir uns ständig auf neue Eindrücke stürzen. Die Masse immer neuer Informationen und Eindrücke blockiert das Verarbeiten und Integrieren des Inputs. Es gibt keine Zeit mehr, um das alles zu verarbeiten und zu „verdauen". Wie unverdaute Nahrung schwer im Magen liegt und auf Dauer den Körper krank macht, belasten unverarbeitete Informationen unsere Seele.

Informationen sind aber nicht nur Informationen im Sinne von Sachinformationen, aus denen Wissen entstehen kann. Fast alles „im Netz" ist emotional aufgeladen, löst Gefühle aus. Was machen wir mit all diesen Gefühlen? Sind es heilsame Gefühle, die Glück auslösen? Oder werden unerwünschte Gefühle geschürt wie Angst oder Wut? Was sind die Absichten eines Autors, eines Filmemachers, eines Absenders? Wollen diese Menschen segensreich wirken oder haben sie andere Absichten: verkaufen und Geld verdienen, Abhängigkeiten schaffen, Menschen beeinflussen für politische Ziele, berühmt, bekannt werden u. Ä.?

Der Fülle aller Eindrücke, die wir im Grunde nicht brauchen, und aller damit verbundenen emotionalen Belastungen entgehen wir nur durch Verzicht.

Die Möglichkeiten der digitalen, extrem schnellen und meist kostenlosen Verbreitung, Beschaffung und Vermehrung von Informationen aller Art bedienen unser Streben nach „immer mehr" in einem ungeheuren Ausmaß. Ohne Frage nach Sinnhaftigkeit und nach Wirkung – oft auch anonym, ohne die Verantwortung dafür zu übernehmen – werden immer mehr Informationen ins Netz gestellt. Wenn z. B. bei dem Shitstorm-Phänomen lawinenartig negative Kritik gegen eine Person oder ein Unternehmen oder Verleumdungen und Schmähreden im Internet oder in sozialen Netzwerken verbreitet werden, dann kann das katastrophale Folgen für den Betroffenen haben. Es wird zum Fluch, für den aber niemand zur Verantwortung gezogen werden kann.

Unsere digitale „Fresssucht" bezahlen wir sehr teuer. Ich kenne mehr Leute, die die tägliche E-Mail-Flut als Fluch erleben, als Menschen, die E-Mails als Segen preisen. Immer mehr Menschen erleben das Phänomen: „Ich kann nicht mehr abschalten." Es wächst eine Ruhelosigkeit, wenn wir uns ständig mit neuen Informationen beschäftigen. Die Internetsucht gilt bereits als eigenständige Suchterkrankung. Laut PINTA-Studie[74] des Bundesministeriums für Gesundheit sind bereits heute 560.000 Menschen in Deutschland internetabhängig, mehr als zwei Millionen gelten als gefährdet, besonders betroffen ist die Altersgruppe der 14- bis 24-Jährigen.

[74]http://www.deutschlandradiokultur.de/studie-ca-560-000-menschen-sind-internetsuechtig.265.de.html?drn:news_id=646358 (aufgerufen am 11.04.2017)

Hilfreich ist es auf jeden Fall, darauf zu achten, nicht ständig „online“ zu sein. Es genügt, wenn wir ein bis zwei feste Zeiten am Tag für die E-Mail-Bearbeitung einplanen. Manche Firmen haben sogar einen sogenannten „IT-Knigge“ entwickelt. Ein achtsamer Umgang mit E-Mails beinhaltet auch, dass wir den Verteiler auf die notwendigen Empfänger reduzieren. „Schnelle Post“ wird zum Segen, wenn wir Prinzipien und eine gute Ordnung finden.

Eine Topmanagerin erzählte mir, sie lese überhaupt keine Mails. Ihre Abteilungsleiter hätten einen wöchentlichen Besprechungstermin mit ihr und da werde das Wesentliche besprochen. Sämtliche E-Mails lasse sie von ihrem Assistenten bearbeiten, der dann an sie berichte.

Eine Einladung

(FA) Schreiben Sie ein Tagebuch. Nehmen Sie sich jeden Abend, aber auch tagsüber ein paar Minuten Zeit, über Wichtiges, das gerade passiert ist oder von dem Sie gehört haben, ein paar Notizen zu machen. Blättern Sie zwischendurch immer auch mal zurück, um nachzulesen, was Sie sich notiert haben. *Stellen Sie sich dabei zwei Fragen:*

- Was ist passiert?
- Wie berührt mich das?

Der Weg zur Klugheit

(FA) Aber auch sinnvolle und wichtige Informationen verändern noch nichts in der Welt. Ein Alkoholiker kann viele wahre Berichte über die Folgen seiner Erkrankung lesen, aber wenn er weiter trinkt, ist dieses Wissen wertlos. Wissen allein ist nicht verhaltensrelevant, es braucht noch Willenskraft und Wege, um es auch praktisch umzusetzen.

Wissen wird zum Segen, wenn es zu tieferer Einsicht und zur Integration der Informationen in die eigene Lebensbewältigung führt. Dazu brauchen wir ein menschliches Miteinander und Charakterschulung. Eine etwas in Vergessenheit geratene Tugend – die Klugheit – umfasst immer beides: Wissen und Umsetzung.

Erst wenn Wissen zu Erkenntnis und Einsicht führt
und angemessenes Handeln auslöst,
wird es zum Segen.

Dabei braucht Klugheit nicht unbedingt viel Wissen, sondern eine gute Intuition, um die richtige Information herauszufiltern, die zu erfolgreichem Handeln führt. Klugheit erkennt, worauf es wesentlich ankommt, um eine konkrete Situation zu bewältigen. Die sogenannte „Bauchstimme", ein klares Gespür für Menschen und Situationen jenseits von mentaler Logik, und der Mut, diesen Impulsen zu folgen, zeichnen kluge Menschen aus. Datenbanken und IT-Technologie tragen dagegen wenig bei, im Gegenteil, sie lassen unsere intuitive Wahrnehmung eher verkümmern.

(AG) In der Bibel hören wir immer wieder das Lob der Klugheit. Der kluge Mensch ist der, der über sein Leben richtig nachdenkt, der sich mit den Geboten Gottes beschäftigt, der sich darum kümmert, dass sein Leben gelingen kann. Im Neuen Testament lobt Jesus häufig kluge Menschen. Am Ende der Bergpredigt[75] lobt er den **„klugen Mann, der sein Haus auf Fels baute“** im Unterschied zu dem **„unvernünftigen Mann, der sein Haus auf Sand baute“**. Klug ist in Jesu Augen also der Mensch, der seine Worte hört und danach handelt. Anderenfalls ist er ein unvernünftiger Mensch, der seinen Verstand verloren hat, denn er baut sein Leben auf einer Illusion auf. Und so wird er bei Belastungen und Herausforderungen schnell in eine Krise geraten. Zur Klugheit gehört also nicht nur das Einsehen, sondern auch die Bereitschaft, danach zu handeln. Für die Griechen ist Einsicht nie nur ein intellektueller Vorgang, sondern sie hat immer auch Folgen für das Tun.

Wer wirklich etwas einsieht und erkennt, der muss auch danach handeln.

Jesus erzählt noch ein anderes Gleichnis[76]; er spricht von den klugen und den törichten Jungfrauen. Alle sind zu einer Hochzeit eingeladen. Die klugen Jungfrauen nehmen mit ihren Lampen auch Öl mit. Sie rechnen damit, dass das Ausbleiben des Bräutigams länger dauern könnte. Die törichten Jungfrauen nehmen nur ihre Lampen mit. Doch als der Bräutigam kommt, haben sie kein Öl mehr, damit sie ihre Lampen zum Brennen bringen. Töricht hat hier nichts mit dem Intelligenzquotienten zu tun. Es ist einfach das dumpfe Dahinleben, ohne sich über seine Zukunft Gedanken

[75] Matthäus 7:24 ff.

[76] Matthäus 25:1-13

zu machen. Diese Art von Torheit oder Dummheit erleben wir heute, wenn wir einfach immer so weitermachen, ohne uns über die Folgen unseres Handelns Gedanken zu machen. Klugheit heißt dagegen, über den Tag hinauszusehen, auf die Zukunft hin zu schauen: Welche Auswirkungen hat mein Tun und Denken auf die Zukunft? In der Klugheit nehme ich Verantwortung wahr – für mich selbst, aber auch für die anderen und für die Schöpfung.

Im Lukasevangelium erzählt uns Jesus ein weiteres Gleichnis[77] und verwendet das Bild vom klugen Verwalter. Der Verwalter ist eigentlich ein Betrüger; er wird von seinem Posten abgesetzt. Da überlegt er, wie er darauf reagieren kann. Er lässt die Schuldner seines Herrn kommen und erlässt ihnen einen Teil ihrer Schuld, um sich Freunde zu machen, bevor er seinen Job verliert. Er betrügt also sogar noch weiter. Doch Jesus lobt ihn wegen seiner Klugheit. Er lobt nicht den Betrug, sondern dass der Verwalter seine Situation erfasst und daraus für sich die richtigen Schlüsse gezogen hat. Er hat das getan, was in seiner Hand lag. Auch das ist eine Herausforderung an uns: Was ist heute klug? Wie können wir reagieren auf die Situationen, in die wir geraten? Welche kreativen Auswege finden wir, wenn wir in der Klemme stecken?

Klugheit ist etwas Aktives. Heute sind wir mehr denn je in Gefahr, in der passiven Zuschauerrolle zu verharren und zugleich in der passiven Opferrolle. Wir sind Opfer der Politik und der Wirtschaft. Wir schauen zu und klagen die anderen an, aber wir überlegen nicht, wie wir uns aus der Situation erretten können. Wir sollten nicht zuschauen, sondern überlegen, wie wir aktiv und kreativ reagieren können auf die heutigen Weltverhältnisse.

[77] Lukas 16:1-8

Neben der Klugheit lobt die Bibel aber vor allem die Weisheit. Auch Weisheit bedeutet nicht, viel zu wissen, so wie es uns in den modernen Medien vermittelt wird. Weisheit heißt vielmehr, tiefer zu sehen, auf den Grund zu sehen. Für die Griechen ist „sophia" die Einsicht in die tieferen Zusammenhänge der Welt und des Menschseins. Und Weisheit ist für die griechische Philosophie – so hat es Sokrates formuliert –, zu wissen, dass wir nichts wissen. Das hat der deutsche Mystiker Meister Eckhart so übernommen: „Weise sei der Mensch, der sich seiner eigenen Grenzen bewusst ist."

Für die Lateiner ist „sapientia" auch die Haltung, sich selbst zu mögen. „Sapientia" kommt von „sapere" und meint „schmecken". Weise ist der Mensch, der sich selbst schmecken, der sich selbst annehmen kann. Er verbreitet auch einen angenehmen Geschmack. Hektische Menschen, die innerlich zerrissen sind, verbreiten eher einen unangenehmen Geschmack. Man fühlt sich nicht wohl in ihrer Nähe. Um Weisheit zu lernen, braucht es Zeit und Stille. Ich werde weise, wenn ich in mich hineinhorche und mich frage, was mich eigentlich trägt. Und zur Weisheit gehört immer auch, das Ende zu bedenken: Wofür lebe ich? Was erwartet mich im Tod? Welche Lebensspur möchte ich in diese Welt eingraben? Was möchte ich mit meinem Leben anderen vermitteln?

Bei unserem materiellen Reichtum lohnt sich die Frage: Was brauche ich wirklich? Das gilt auch für den Umgang mit Informationen. In den Schulen werden unsere Kinder vollgestopft mit Wissen, auf den Hochschulen noch mehr. Klugheit als angewandtes Wissen ist ein Stiefkind in den meisten Ausbildungen. Wir sollten uns immer wieder fragen: Was ist wirklich wichtig? Wozu brauche ich das? Was mache ich jetzt damit? Dient das meinem Glück und führt es zum Heilwerden?

Eine Einladung

(FA) Trainieren Sie Ihre Intuition, Ihr Gespür für Menschen und Situationen. Das kann anfangs etwas mühsam sein, wenn Sie diese, uns allen angeborene Fähigkeit lange nicht genutzt haben. Der Weg geht über das Innehalten, indem Sie still werden und nach innen lauschen.

Was ist der erste Impuls?
Je öfter Sie das tun, desto sicherer werden Sie. Manchmal können Sie Ihren Impuls mit anderen abgleichen, idealerweise mit Frauen, die dazu meist einen deutlich besseren Zugang haben.

Ich empfehle eine Methode, die amerikanische Mütter ihre Kindern lehren: „Stop-Look-Go"
Anhalten, das Gedankenkarussell stoppen, Konzepte und Erklärungen loslassen.
Schauen, Spüren, Lauschen: Welche Impulse kommen? Welches Gefühl meldet sich?
Handeln, dem inneren Impuls folgen.

In der Klugheit
nehme ich Verantwortung
wahr – für mich selbst,
aber auch für die anderen
und für die Schöpfung.

Vom äußeren zum inneren Segen

Sich Zeit nehmen

(FA) Der preisgekrönte Roman „Die Entdeckung der Langsamkeit" von Sten Nadolny hat den Segen der Entschleunigung in unserer auf Tempo ausgerichteten Gesellschaft wieder ins Bewusstsein gehoben. Dem Helden der Geschichte, John Franklin, gelingt vieles im Leben, gerade weil sein Denken und Handeln viel langsamer ist als das seiner Umgebung. Es bringt ihm in vielen Situationen Vorteile.

Was geht uns durch das „Immer-Schneller" alles verloren? Schmeckt das Essen besser, wenn wir schnell essen? Wird die Natur erholsamer, wenn wir im Auto an ihr vorbeirasen? Niemand käme auf die Idee, Musik schneller abzuspielen, um dadurch den Musikgenuss zu erhöhen. Fast alles, was wir erleben, braucht eine angemessene Zeit, um es zu genießen. Der Rausch der Geschwindigkeit ist ein kurzer und nicht sehr tief gehender Genuss.

Das „Immer-Schneller" ist eine Grundbedingung unserer auf Wachstum ausgerichteten Wirtschaft. Nur durch die Fähigkeit, alles schneller fertigstellen zu können, kann unsere Wirtschaft wachsen. Die Beschleunigung technischer Prozesse, die wesentliche Ursache unseres Wohlstandes, kann aber nicht einfach auf Menschen und menschliche Arbeit übertragen werden. Das Gleiche in immer kürzerer Zeit zu erledigen, hat trotz vieler technischer Hilfen seine Grenzen.

Gut geht es uns dann, wenn wir für alles eine angemessene Zeit zur Verfügung haben, die Dinge aber auch zügig erledigen. Ein Herumtrödeln und unnötiges Verlangsamen macht uns träge und müde. Müßiggang oder Faulheit zählen im Christentum zu den sieben Todsünden.

Sich regen bringt Segen,
wenn wir eine Arbeit in der angemessenen Zeit erledigen.

Alle Entwicklungen bewegen sich im Spannungsfeld von Verändern und Bewahren. Wir wollen Bekanntes, Bewährtes und Sicheres festhalten. Veränderung ist mit Risiken behaftet und erfordert Anpassung, eröffnet uns aber oft auch neue Möglichkeiten und ist mit dem Reiz des Unbekannten ausgestattet.

Konservative und Reformer stehen sich seit eh und je feindlich gegenüber. Technische Neuerungen, aber auch soziale und gesellschaftliche Veränderungen werden von den einen als Bedrohung erlebt, von den anderen als Segen gepriesen. Jedoch nicht die Veränderungen selbst sind für die meisten Menschen das Problem, sondern das Tempo der Veränderung. Forschung und Entwicklung haben eine Eigendynamik, die den Menschen und seine Bedürfnisse immer weniger sieht und ihm nicht die erforderliche Zeit für Integration und Verarbeitung lässt.

Statt nach Richtig oder Falsch zu fragen, sollten wir das rechte Maß suchen. Veränderung sollte angemessen sein, sowohl den Umfang betreffend als auch das Tempo der Umsetzung. Viele Führungskräfte klagen über die ständigen Umorganisationen, bei denen oft nur Staub aufgewirbelt wird, wenn sich ein Chef damit in Szene setzen will. Der Hl. Benedikt nennt das „rechte Maß" die Mutter aller Tugenden.

Die entscheidende Frage, was und wie viel Ihrem Glück dient, müssen Sie immer wieder eigenverantwortlich für sich beantworten. Das erfordert Zeit zum Überlegen und Erspüren. Das kann Ihnen niemand abnehmen. Sie selbst machen die Dinge zum Segen oder Fluch durch Ihr Denken und Ihr Tun.

Zeit haben, sich Zeit nehmen, genügend Zeit bekommen sind oft Voraussetzungen, damit etwas zum Segen wird.

Was tut mir gut? Was ist jetzt richtig? Woher soll ich denn wissen, was mir zum Segen gereichen wird? Es gibt eine innere – sehr leise – Stimme, die uns führt, wenn wir still werden und auf sie hören. Menschen mit Meditationserfahrung, Menschen, die viel in der Natur sind, haben zu dieser inneren Stimme oft einen bewussten Zugang. Fast alle Menschen haben schon die Erfahrung gemacht, dass sie in entscheidenden Momenten intuitiv das Richtige gemacht haben. Woher kommt dieses intuitive innere Wissen?

Die zehnjährige Tochter eines Freundes erklärte ihrem Vater: „Ich rede immer wieder mit Gott, aber das kann ich niemandem erzählen, die Leute verstehen das nicht." Immer wieder erzählen mir Kursteilnehmer, eher Teilnehmerinnen, dass sie mit ihrem Schutzengel reden oder mit einer verstorbenen Bezugsperson, z. B. mit einem Freund oder ihrer Oma, die sie berät und ihnen Hinweise gibt, was im Augenblick für sie gut wäre. Ein erfolgreicher Unternehmer berichtete, dass er bei schwierigen Entscheidungen immer überlegt, wie sich sein (verstorbener) Vater jetzt verhalten würde.

Es gibt ein Wissen um die verborgene Quelle von Weisheit und Intuition in uns.

Die Bibel gibt uns im Alten Testament dazu klare Hinweise, die auf den ersten Blick gar nicht in unser lautes, hektisches Leben passen: **„Wenn du auf die Stimme des Herrn, deines Gottes, hörst, indem du auf alle seine Gebote, auf die ich dich heute verpflichte, achtest und sie hältst, wird dich der Herr, dein Gott, über alle Völker der Erde erheben. Alle diese Segnungen werden über dich kommen und dich erreichen, wenn du auf die Stimme des Herrn, deines Gottes, hörst.“**[78]

[78] 5. Mose 28:1 f.

Eine Einladung

(FA) Wenn Beschleunigung das Problem ist, dann ist Entschleunigung die Lösung.
Wählen Sie Tätigkeiten, die Sie bewusst etwas langsamer als gewöhnlich angehen können, beispielsweise essen, gehen u. Ä.

- Nehmen Sie sich Zeit, es bewusst und sorgfältig zu tun: langsam kauen, schmecken, die Füße bewusst auf den Boden aufsetzen usw.

- Beobachten Sie sich dabei, wie Sie psychisch darauf reagieren: Können Sie es genießen?

- Wie schnell versuchen die alten Muster der Eile wieder durchzukommen?

Fangen Sie klein an: drei Bissen sorgfältig kauen, dann fünf, dann zehn; zehn Meter bewusst gehen, dann mehr. Gehen Sie bestimmte Strecken bewusster als sonst: vom Auto zum Büro usw.

Achtsam zu gehen, heißt: einfach gehen, Schritt für Schritt. Bleiben Sie in Gedanken bei dieser Bewegung. Spüren Sie das Abrollen des Fußes auf dem Boden. Widerstehen Sie der Versuchung, sich in Gedanken mit etwas anderem zu beschäftigen. Was kommen könnte und was bereits war, ist jetzt nicht wichtig. Wenn Ihre Gedanken wandern und Sie bemerken es, dann kehren Sie einfach wieder zu dieser Übung zurück.

Weniger ist mehr

(FA) Wir suchen unser Heil, unser Glück, im Außen, in einer Welt von „immer mehr", „immer größer" und „immer weiter". Das verspricht uns die Werbung mit ihren raffinierten Lügen. Im Außen, im Konsum, im Vergnügen werden wir das Glück aber nicht finden. Glück ist eine innere Erfahrung, ein seelischer Zustand, der von unserer Bewertung der Dinge abhängt, von unserem Erleben und nicht von der Menge und Größe der Güter.

Das Summen der Bienen, der Geruch von Veilchen, das Essen auf dem Teller, das Lachen eines Kindes – all das kann tiefe Glücksgefühle in uns auslösen. Das „Immer-Mehr", das im Arbeitsleben von uns gefordert wird, führt genau ins Gegenteil; wir haben Angst, es nicht zu schaffen, und erleben Druck.

Segen erleben wir in unserer Seele,
wenn wir uns über das freuen, was jetzt ist, was wir jetzt haben.

Das „Immer-Mehr" auf der materiellen Ebene führt zu einem „Immer-Weniger" an Freude und Glück. Die Statistiken über das Ansteigen von seelischen und psychosomatischen Erkrankungen sind alarmierend. Sowohl die Anzahl von Erkrankungen wie Born-out und Depression infolge von Überlastung am Arbeitsplatz als auch die Dauer der Arbeitsunfähigkeit steigt seit Jahrzehnten in erschreckendem Maße an.

Der Leiter einer psychosomatischen Klinik beobachtete auf einer längeren Asienreise, dass es in den Ländern, in denen die Menschen am Existenzminimum leben, keine psychosomatischen Erkrankungen gibt. In den Ländern mit Wirtschaftswachstum und etwas Wohlstand tauchen die hierzulande bekannten seelischen und psychosomatischen Erkrankungen jedoch auf. Macht Überfluss seelisch krank?

Das Denken in unserem Wirtschaftssystem folgt einem sehr engen und kurzsichtigen Grundsatz: Wie kann man damit Geld verdienen? Der Glaubenssatz dazu lautet: „Money makes the world go round", oft übersetzt mit: „Geld regiert die Welt". Darin zeigt sich eine enorme Verantwortungslosigkeit gegenüber den Menschen, der Schöpfung, dem großen Ganzen. Damit etwas wirklich zum Segen wird, braucht es die kritische Überprüfung auf seine Segenstauglichkeit, nicht den Egoismus des Individuums und auch nicht den narzisstischen Stolz eines Erfinders oder eines Vorstandes.

Der Mythos von König Thamus kann uns leiten. Neben der Kunst, etwas zu erfinden, steht die Fähigkeit, den Nutzen dieser Erfindung für die Menschen zu beurteilen bzw. Regeln und Bedingungen festzulegen, die verhindern, dass sie zum Fluch wird. Das ist Aufgabe der Politik, die ihrerseits dazu Weitblick und eine Ethik benötigt, das Wirtschaftswachstum von Platz 1 auf der politischen Agenda zu verbannen. Es ist eine große Herausforderung, Kriterien zu finden, an denen wir erkennen können, was segensreich ist und was nicht. Da alle Dinge immer zwei Seiten haben, muss die entscheidende Frage lauten: Wie muss das Neue genutzt werden, damit es dem Wohl der Menschen dient? Es gibt nirgendwo in der Natur unbegrenztes Wachstum. Keine Kuh, die immer größer wird, keinen Baum, der unendlich in den Himmel wächst. Gesundes Wachstum in der Natur folgt Ordnungsprinzipien, hat Grenzen und bildet sinnvolle Strukturen der wechselseitigen Abhängigkeiten. Der Segen – als Wachsen und Gedeihen – ergibt sich im Wald oder im Garten durch das Miteinander von Pflanzen und Tieren, die sich gegenseitig unterstützen.

Das „Immer-Mehr“ auf materieller Ebene kann nicht segensreich sein, weil dieses Prinzip grundlegend widernatürlich ist.

Oft wird auch Konkurrenz und Wettbewerb als segensreich gepriesen, weil sie den Einzelnen antreiben, besser zu werden und Neues zu entwickeln. Die ethische Legitimation erfolgt dabei unter Berufung auf die Natur: Nur der Schnellere und nur der Stärkere überlebt. Als Beleg wird Charles Darwins Theorie der „Natürlichen Selektion“ zitiert. Nur stimmt das so nicht. Darwin spricht vom „survival of the fittest“, d. h., wer sich besser anpassen kann, hat die besten Überlebenschancen, nicht der Größere oder der Schnellere.

(AG) Die heutige Evolutionsforschung geht davon aus, dass seit jeher gerade die Lebewesen überleben können, die eine Verbundenheit zu anderen zeigen, die also nicht nur um das eigene Überleben kämpfen, sondern solidarisch sind mit anderen. Diese Erkenntnisse der Evolutionswissenschaft müssten demnach auch die heutige Wirtschaftsphilosophie verwandeln. Der größte Segen kommt nicht daher, dass Einzelne möglichst erfolgreich sind, sondern dass diese in ihrem Wirtschaften immer schon den Nutzen anderer im Blick haben. Nicht, dass sie das meiste Geld verdienen, ist das Ziel, sondern dass das, was sie tun, den meisten Segen für die Menschen bringt.

(FA) Das „immer mehr", ohne Rücksicht auf das Umfeld, wie es in unserer Wirtschaft praktiziert wird, entspricht der Logik einer Krebszelle, die sich ohne Rücksicht auf andere Zellen vermehrt, nach dem Motto: Hauptsache, mir geht es gut! Bekanntlich endet dieses unbegrenzte Wachstum, das auf Kosten der gesunden Zellen in der Umgebung geht, tödlich für den ganzen Organismus. Wenn diese „Logik" von anderen Zellbereichen und Organen übernommen wird, spricht die Medizin von Metastasenbildung, was den Tod des Gesamtsystems noch schneller herbeiführt.

Das Wirtschaftswachstum mit dem Heilsversprechen, durch „Immer-Mehr" gehe es uns immer besser, ist für Politiker wie Wirtschaftsbosse eine heilige Kuh – mit den fatalen Folgen der Umweltverschmutzung, Ressourcenverknappung und Verarmung von immer mehr Menschen. Wachstum ist kein Segen, wenn es ohne Verantwortung für das Ganze rücksichtslos und unkoordiniert das „Immer-Mehr" nur für den Einzelnen anstrebt – weder heute noch für die nächsten Generationen. Im Übrigen ist der Begriff „Wachstum" der Natur entnommen und wird in den wirtschaftlichen Kontext übertragen, ohne auch die Ordnungskräfte, die in der Natur immer wieder das Gleichgewicht herstellen, zu berücksichtigen.

Wir haben die Energiegewinnung extrem gesteigert durch die Nutzung von Kernspaltung. Die negativen Begleitprobleme sind ein Weg in die Katastrophe, wenn wir nur an das ungelöste Problem des Atommülls denken. Nun sind wir dabei, den Datenmüll ins Unendliche zu steigern. Wozu? Unser Wirtschaftssystem funktioniert nur mit der Droge „Wachstum" und hat weder Bremse noch Rückwärtsgang. Dieser Systemfehler ist kritischen Ökonomen sehr wohl bekannt. Ihre Ideen werden jedoch belächelt und nicht umgesetzt. Wie ein Junkie nicht mehr von seiner Droge loskommt und der Alkoholiker erst unter großem Leidensdruck den Weg aus der Abhängigkeit findet, so braucht wohl unsere Gesellschaft erst (noch) mehr Leid, bevor sie beginnt, ernsthaft darüber nachzudenken, was wirklich für ein gesegnetes Leben notwendig wäre.

Das „Mehr-Haben", „Mehr-Können", „Mehr-Wissen" ist aus sich heraus nicht segensreich. Von alters her nennen wir dieses Streben Gier, Habgier, Machtgier, Neugier. Gier zählt im Christentum zu den sieben Todsünden. Der Buddhismus zählt die Gier zu den drei Geistesgiften, die Leid in die Welt bringen; die beiden anderen Geistesgifte sind Hass und Unwissenheit.

In der Gier streben wir nach etwas, das wir noch nicht haben: dieses Auto, diese Turnschuhe usw. Ziel der Werbung ist es, diese Gier anzufeuern mit dem Versprechen, der Besitz des angepriesenen Produktes mache glücklich. Wir sind dann, wenn wir es endlich haben, allenfalls für kurze Zeit glücklich. Denn dann folgen wir wiederum dem Versprechen, noch mehr mache glücklich. (Auf Werbung sollte eine Lügensteuer erhoben werden!) Die Lösung liegt allein in der Genügsamkeit.

Wenn wir uns über das freuen, was wir haben, dann plagt uns keine Gier.

Ein Spruch, den ich sehr liebe, lautet: „Es gibt so viele schöne Dinge, die ich nicht brauche." Das Original ist von Sokrates: „Wie zahlreich sind doch die Dinge, derer ich nicht bedarf." Das Nicht-

Haben erleichtert das Leben unglaublich. Wie viel Arbeit macht es und wie viel Zeit kostet es, unsere zahlreichen CDs, Bücher, Geräte usw. zu ordnen, zu nutzen und aufzuräumen oder ein großes Haus oder einen großen Garten zu pflegen? Was brauchen wir wirklich?

Eine Einladung

(FA) Schreiben Sie drei Ereignisse auf, die Sie als außerordentlich beglückend erlebt haben.

Notieren Sie die Umstände der Ereignisse:

- Was kam von außen, ohne eigenen Verdienst?
- Was hat das jeweils in Ihnen ausgelöst?

Lässt sich das irgendwie materiell beziffern, z. B. als Geldwert? Oder liegt der Wert ganz woanders? Wenn ja, wo? Überlegen Sie, wie viel Schweres und wie viel Leid Sie umgekehrt erleben durch Ihre Sorgen um äußere Dinge.

Ein einfaches Leben

(FA) Wenn der Egoismus, wie er der „Logik“ der Krebszelle entspricht, in der Biosphäre tödlich verläuft, wie soll er dann im sozialen Kontext segensreich sein? Wir können und müssen immer fragen, wie sich eine Sache auf die anderen auswirkt, denn wir sind von den anderen abhängig.

Die Natur ist das erfolgreichste Unternehmen aller Zeiten. Sie hat dramatische Katastrophen und unzählige Veränderungen überlebt. Wir können von ihr lernen, was funktioniert. Das Erfolgsmodell der Natur ist das Biotop und nicht der Wettbewerb, nicht das Verdrängen und Übervorteilen des anderen. Langfristig führen nicht „immer schneller“ oder „immer stärker“ zum Erfolg, sondern erfolgreich ist, wer sich einfügt in die größere Ordnung und Nutzen für andere stiftet. Nicht der Egoismus, sondern altruistische Fähigkeiten wie Fürsorge, Teamfähigkeit und das Blicken auf das größere Ganze bringen nachhaltigen Segen.

Die Erfolge der Bücher von Tiki Küstenmacher mit der Botschaft „simplify your life“ belegen, wie groß die Sehnsucht vieler Menschen nach einem einfacheren und in der Folge glücklicheren Leben ist. Mit dem Nicht-Haben reduzieren wir auf einfache Weise die Menge der Versuchungen. Ich habe mich schon seit Langem von meinem Fernseher getrennt. Wie viel Zeit mir dadurch geschenkt wird für das, was ich wirklich genieße: Meditation, lange Spaziergänge, Lesen, Gespräche!

Es erfordert immer wieder auch Disziplin und Überwindung, etwas anzufangen, das Buch zu nehmen, rauszugehen, aber währenddessen und danach geht es mir gut. Mich leitet ein Satz eines alten Mönches, Bruder Balduin, aus Münsterschwarzach. Er hielt sich bis ins hohe Alter durch Übungen fit und sagte einmal zu mir: **„Man darf sich nicht gehen lassen, sonst ist es gleich vorbei."**

Für ein gesegnetes Leben genügen die drei „W":
Weniges, wirklich Wichtiges.

Dinge, die nur rumstehen, nicht genutzt werden, belasten uns und kosten Lebensfreude. Das bereits erwähnte Buch „Feng Shui gegen das Gerümpel des Alltags" von Karen Kingston beschreibt die negativen Folgen des vielen Ansammelns für unser Wohlbefinden sehr eindrucksvoll. Es vermittelt Wissen mit großer Verhaltensrelevanz, erläutert tiefere Zusammenhänge und löst Impulse aus, sofort mit dem „Entrümpeln" zu beginnen.

Wir wissen vielleicht aus unserer Kindheit, wenn wir in der Fastenzeit auf Süßes verzichtet haben, wie viel größer die Freude ist, wenn es an Ostern wieder alles gibt. Es gilt natürlich bei jedem Konsumverzicht – kein Alkohol, keine Zigaretten, kein oder weniger Fernsehen: Wir schulen unsere Willenskraft und erleben bereits das Verzichten als Bereicherung.

(AG) Die frühen Mönche waren Meister der Askese. Sie haben möglichst wenig gegessen und sehr viel gefastet. Da gab es auch manche Übertreibungen, sodass man aus der Askese einen Leistungssport gemacht hat. Der Hl. Benedikt von Nursia ist skeptisch, was zu große Askese angeht, aber er propagiert das einfache Leben und das sparsame Leben.

Für die christliche Tradition ist Habgier die Wurzel aller Bosheit. So sagt der Apostel Paulus: **„Denn die Wurzel aller Übel ist die Habsucht."**[79] Er nennt weiter auch die negativen Folgen der Habsucht: **„Nicht wenige, die ihr verfielen, sind vom Glauben abgeirrt und haben sich viele Qualen bereitet."** Die Angesprochenen haben also nicht mehr aus dem Vertrauen gelebt, sondern aus der Angst. Gier hat immer mit der Angst zu tun, man könne zu kurz kommen.

Wenn wir diese griechische Textstelle wörtlich übersetzen, heißt es: „Sie haben sich selbst durchbohrt mit vielen Schmerzen." Die Psychologie bestätigt uns, dass gierige Menschen sich selbst schaden. Sie verlieren die Fähigkeit, zu genießen. Und sie spüren sich selbst nicht in ihrem Körper, denn ihr Körper ist gleichsam erstarrt vor lauter Schmerzen über das, was sie nicht haben.

Im Kloster geht es um das einfache Leben. Auch der Mönch hat Bedürfnisse; davon geht Benedikt aus. Aber wir sollen uns nicht alle Bedürfnisse erfüllen. Wir sollen sie uns eingestehen und dann einen Weg finden, wie wir in Freiheit auf bestimmte Bedürfnisserfüllungen verzichten können. Benedikt sagt: **„Wer weniger braucht, danke Gott und sei nicht traurig."**[80] Wer weniger braucht, ist für Benedikt der innerlich Stärkere. Er soll sich nicht über die anderen erheben und nicht auf sie herabschauen. Aber er soll dankbar sein, dass er mit Wenigem zufrieden ist. Auf keinen Fall soll er sich mit anderen vergleichen, das würde nur zur Traurigkeit führen, weil er nicht so viel hat wie die anderen.

[79] 1. Timotheus 6:10

[80] Regel des Hl. Benedikt 34:3

Wir haben im Kloster genug zum Leben. Doch auch im Kloster gibt es die Tendenz, sich an den Lebensstil der Außenwelt anzupassen. Aber wir sprechen immer wieder darüber und prüfen, ob unser Lebensstil noch einfach ist und wie frei wir innerlich sind. Ich schaue im Kloster nie fern, dafür ist mir der Abend zu schade. Lieber lese ich oder schreibe ich, das ist für mich kreativer.

Wenig zu brauchen, ist für Benedikt immer ein Zeichen von Spiritualität. Und ein Mangel an Spiritualität wird ausgeglichen durch die Menge, die wir an Dingen „brauchen".

(FA) Wenn immer und überall alles verfügbar ist, dann geht die Freude verloren. Im alten Rom gab es den Spruch: „Variatio delectat", das bedeutet „Abwechslung erfreut". Das gilt für den Wechsel von Haben und Verzichten. Verzichten zu können, macht innerlich frei. Wir können uns nicht (mehr) über etwas freuen, was wir immer haben. Wir verlernen auch, das zu schätzen und zu würdigen, was immer da ist. Erst wenn wir uns die Fülle um uns und in uns bewusst machen und Dankbarkeit für diesen Reichtum entwickeln, entsteht in uns die Freude. Wenn wir auf das schauen, was wir haben, und uns darüber freuen, dann nehmen wir der Gier die Kraft.

Wohlstand ist ein Segen, wenn wir auch verzichten können und uns dankbar über das freuen, was wir haben.

Eine Einladung

(FA) Nehmen Sie sich 15 Minuten Zeit und schreiben Sie auf ein Blatt Papier die Frage: Was ist mir wirklich, wirklich wichtig?

Sammeln Sie alles ein, was Ihnen dazu einfällt, und notieren Sie es unter diese Frage. Behalten Sie dieses Blatt bei sich und lesen es immer wieder durch.

Sie können Ihre Notizen auch immer wieder korrigieren, ergänzen oder durchstreichen. Immer, wenn Sie auf das Blatt schauen, stellen Sie sich eine weitere Frage:
Wie viel Zeit nehme ich mir für die wirklich, wirklich wichtigen Dinge?

Klarheit und Disziplin

(FA) In der Arbeitswelt ist die seelische Belastung durch Leistungsdruck ein Dauerthema. Im Jahr 2010 haben 21 leitende Ärzte psychosomatischer Kliniken einen Aufruf zur psychosozialen Lage in Deutschland verfasst, der inzwischen von Tausenden von Fachleuten unterzeichnet wurde. Sie verweisen auf die wachsende seelische Belastung der Menschen im Berufsleben.

„Immer mehr" zu erzeugen gelingt in Unternehmen nur durch die Erhöhung der Produktionsleistung der beschäftigten Menschen. Das erfordert von den Menschen immer mehr Effizienz und erhöht ständig den Leistungsdruck, unter dem vor allem Führungskräfte in Mittelstellungen, den „Sandwich"-Positionen, leiden. Was nützt es den Unternehmen und der Gesellschaft, wenn wir immer mehr produzieren und dabei gleichzeitig immer mehr psychische und gesundheitliche Probleme bekommen, also immer mehr Leid produzieren?

„Das Bessere ist der Feind des Guten." Dieser tiefsinnige Spruch des französischen Philosophen Voltaire aus dem 18. Jahrhundert zeigt die ganze Misere unserer auf ständige Innovationen ausgerichteten Gesellschaft und Wirtschaft. Das Gute darf nicht bestehen bleiben, es muss durch etwas Besseres abgelöst werden. Voltaire trifft den Punkt, das Gute werde ständig bedroht von etwas anderem, mit dem Versprechen, es sei „besser". Ob es auch gut für uns ist, wird sich erst zeigen.

Das Neue wird uns als das Bessere angepriesen: das neue Betriebssystem, das neue Smartphone, die neue Mode. Wir erleben jedoch immer wieder, wie wir leiden und trauern, wenn wir uns vom Guten, vom Bewährten trennen und Abschied nehmen müssen.

In der Betriebswirtschaftslehre gibt es die Theorie des Grenznutzens. Je mehr wir schon haben, desto kleiner wird der Nutzen von „noch mehr". Wenn wir schon satt sind, dann ist weiteres Essen kein Segen mehr. Entsprechend landen täglich riesige Mengen Lebensmittel in der Mülltonne. Da die meisten Menschen in unserem Kulturkreis bereits alle materiellen Voraussetzungen für ein gutes Leben haben, entsteht aus „Noch-Mehr" kein nennenswerter weiterer Nutzen, aber ein Fluch, wenn wir auf das Ganze schauen: Verbrauch von Ressourcen, Umweltbelastung, Hunger in anderen Teilen der Welt, seelische Not usw.

Die Versuchung ist groß, sich nun als Opfer dieses „Immer-Mehr"-Systems zu fühlen. Aus dieser Opferrolle heraus ist es leicht, von anderen zu fordern, diese sollen etwas ändern – die Politik, der Chef, die Gesellschaft. Das ist gefährlich und falsch. Der Volksmund weiß: **„Jeder ist seines Glückes Schmied."** Wir sind immer auch Gestalter und nicht nur Opfer, von seltenen Ausnahmen abgesehen.

Als Opfer können wir uns kurzfristig „unschuldig" fühlen, uns für anständig und gut halten, die anderen für „böse" erklären. Als Opfer „müssen" und „können" wir nichts verändern, „dürfen" also untätig bleiben, uns ausruhen und tragen keine Verantwortung. Wir fühlen uns hilflos, ausgeliefert und leiden. Nach außen zeigen wir unser tragisches Erleben durch eine Leidensmiene und durch dezentes oder lautes Jammern.

Für ein gesegnetes Leben müssen wir den Schritt vom Opfer zum Gestalter unseres Lebens machen.

„Ich kann nichts ändern" ist unsere verführerische Komfortzone, die wir verlassen müssen, um unser Denken auf das Feld unserer realen Möglichkeiten zu richten. Wir übernehmen dann Verantwortung, beginnen zu gestalten und zu agieren und unser Denken und Reden nimmt eine neue Richtung. Wir gehen Risiken ein, machen auch Fehler. Dadurch wachsen und reifen wir, erleben in den Erfolgen Glück und Zufriedenheit, in den Misserfolgen unsere Lernchancen.

Das „Immer-Mehr" an Erfindungen und technischen Entwicklungen mag vieles erleichtern, es mag das Spektrum der Möglichkeiten erweitern. Aber was davon wirklich zu unserem Glück beiträgt, bedarf einer ernsthaften Überprüfung. Wie kann man das prüfen? Wessen Aufgabe ist das? Wir sind selbst gefordert, mit Klugheit aus dem Feld der Möglichkeiten weniges, wirklich Wichtiges auszuwählen. Nur wir selbst wissen und müssen entscheiden, was uns und unserem Glück dient und Segen bringt.

Jedes Neue ist mit seiner Entwicklung noch nicht abgeschlossen, es braucht noch eine Sekundärleistung, die das Neue segensreich gestaltet. Je mehr freie Möglichkeiten wir haben, desto wichtiger werden geeignete Prinzipien und Strukturen für den Umgang damit, einschließlich der Fähigkeit zum Verzicht und ein hohes Maß an Disziplin. Echter Segen entsteht aus geistiger und charakterlicher Schulung.

Ein gesegnetes Leben hängt nicht von immer mehr Möglichkeiten ab, sondern von der Fähigkeit, angemessen damit umzugehen.

(AG) Das Wort Disziplin kommt von „discapere", das meint, sein Leben selbst in die Hand zu nehmen, selbst zu gestalten. Im Deutschen hat die Disziplin gerade unter den Nationalsozialisten eine ausgesprochen negative Bedeutung bekommen. Disziplin war vor allem ein Disziplinieren von außen; die Menschen mussten sich einfach nur an die Regeln halten. Doch Disziplin ist ursprünglich etwas Aktives: Ich gestalte mein Leben selbst. Ich bestimme auch selbst, wie viel ich brauche und worauf ich auch verzichten kann. Zur Disziplin gehört die innere Freiheit. So bin ich auch frei, nicht jedem Bedürfnis sofort nachzugeben. Ich kann auch auf eine Bedürfniserfüllung verzichten. Der Verzicht – so sagt schon Sigmund Freud – stärkt das Ich. Wer nicht verzichten kann, wird nie ein starkes Ich entwickeln.

Für mich ist Disziplin die Kunst, mit meiner Zeit gut umzugehen. Wenn ich müde von Gesprächen in mein Zimmer komme, gönne ich es mir, für 15 Minuten auf meinem Bett zu liegen und zu genießen, dass ich gerade nichts tun muss. Aber ich stelle mir eben auch den Wecker. Das ist für mich Disziplin. Denn ich könnte ja auch der Müdigkeit derart nachgeben, dass ich gar nichts mehr tue. Aber nach 15 Minuten stehe ich auf und dann habe ich wieder Lust, etwas zu tun, zu lesen oder zu schreiben. Wenn ich die Müdigkeit überspringen würde, würde nichts bei meiner Arbeit herauskommen. Disziplin heißt für mich, dass ich mein Leben, so wie es ist, und meine psychische Struktur so behandle, dass es mir guttut.

Disziplin heißt für mich nicht, gegen mich zu kämpfen, sondern mit mir zu ringen und mich so zu formen, dass es mir auf Dauer gut geht. So gönne ich es mir auch mal, nichts zu tun, mich zu erholen und einen Spaziergang zu machen.

Ich habe mir auch Regeln aufgestellt, wie ich nach einem Vortrag mein klösterliches Leben wieder aufnehme. Ich versuche, nach dem Vortrag möglichst bald wieder nach Hause zu fahren. Wenn ich vor Mitternacht heimkomme, stehe ich mit den Mitbrüdern um 4.40 Uhr auf. Wenn ich später heimkomme, dann erst um 5.50 Uhr, damit ich um 6.15 Uhr beim Konventamt dabei sein kann. Wenn ich am Montagabend spät heimkomme, stehe ich trotzdem am Dienstag um 5.50 Uhr auf, denn der Dienstagmorgen ist meine Schreibzeit. Ich tue mir keinen Zwang an, aber ich spüre, dass die klare Disziplin für mich ein Segen ist. Ohne Disziplin hätte ich sicher nicht so viel schreiben können. Aber für mich gehört auch die Freiheit dazu, mal eine selbst gesetzte Regel zu durchbrechen. Das ist dann eine bewusste Entscheidung und nicht einfach ein Mich-hängen-Lassen.

„Disziplin ist der Weg zum Ständig-glücklich-Sein.“

Hildegard von Bingen

Eine Einladung

(FA) Wichtige Quellen eines gesegneten Lebens sind:

- Klarheit im Geist, um zu erkennen, was guttut,
- Wissen um die Tragweite der Handlungen,
- Fähigkeit zum Verzicht,
- Disziplin als Lust, sich selbst zu formen.

Wenn Sie nur eine unserer „Einladungen" umsetzen wollen:
Machen Sie eine Liste der Dinge, die Sie nicht wirklich brauchen, und lassen Sie all dieses Nicht-Wichtige los.

Wenn sie noch eine zweite Idee umsetzen wollen:
Lernen Sie das Innenhalten, das Lauschen. Die Übung des bewussten Atmens am Ende des Kapitels „Ist Gott ein Mann?" auf der Seite 154 ist sehr hilfreich.

Wenn Sie sich dauerhaft auf den Weg machen wollen:
Machen Sie sich eine Liste der „Einladungen", die Sie praktizieren wollen, und legen Sie dafür eine Reihenfolge fest. Beginnen Sie mit Punkt 1 und machen Sie die Übung regelmäßig eine Woche lang. Gehen Sie dann zu Punkt 2 über usw. Wenn Sie alle Punkte jeweils eine Woche lang erledigt haben, beginnen Sie wieder von vorn.

Unser Segen und der uns versprochene Segen Gottes wird Sie begleiten und unterstützen.

Nachwort

„Segen" ist ein Thema der Religion; alle Religionen kennen Segensrituale. „Segen" ist auch ein spirituelles Thema. Segen ist der konkrete Weg, den Glauben in den Alltag hineinzubringen, den Alltag durch den Glauben zu verwandeln. In unserem gemeinsamen Buch haben wir das Thema „Segen" noch erweitert: Es geht im Segen auch um die Frage: Was ist für mich segensreich? Welche Art und Weise zu arbeiten oder zu leben ist für mich ein Segen? Und es geht darum: Was wird für mich zum Segen und was wird für mich zum Fluch? So können wir unser ganzes Leben – mit unserer Arbeit, mit unserem Umgang mit den Gütern dieser Schöpfung und mit unserer Konfrontation mit den neuen Medien – daraufhin befragen: Was ist für mich ein Segen und was tut mir nicht gut?

Die größte Zusage, die Gott einem Menschen je gemacht hat, ist die an Abraham: **„Du sollst ein Segen sein."**[81] Darin besteht unsere Würde als Mensch, dass wir für andere Segen sein dürfen. In der Geschichte Abrahams zeigt uns Gott, wie wir zum Segen werden für andere. Nicht, indem wir Großes leisten, sondern indem wir ausziehen aus allem, was uns innerlich oder äußerlich festhält, was uns daran hindert, diese einmalige Person zu sein, als die uns Gott geschaffen hat. Wir werden zum Segen für andere, wenn wir wie Abraham immer mehr hineinwachsen in die einmalige Gestalt,

[81] 1. Mose 12:3

die wir von unserem Wesen her sind und die uns Gott zugetraut hat. Wenn wir **authentisch** sind, frei von dem Druck, uns beweisen zu müssen, frei von dem Zwang, uns durch Leistung beweisen zu müssen, dann werden wir zum Segen für andere Menschen.

Das ist das Ziel dieses Buches, dass Sie, liebe Leserin, lieber Leser, im Nachdenken über unsere heutigen konkreten Lebensvollzüge einen Weg finden, wie Sie ein Segen sein können für andere Menschen. Und unser Anliegen ist, dass Sie Ihr Leben daraufhin befragen, was für Sie selbst Segen ist. Denn wir können nur zum Segen werden für andere, wenn wir selbst gesegnet sind. Der Hl. Benedikt, der vor 1500 Jahren eine Regel geschrieben hat, die für uns Mönche heute noch segensreiche Anleitung ist, trägt den Namen „Der Gesegnete".

Wir alle sind „benedicti" – „Gesegnete".

So wünsche ich Ihnen, dass Sie beides immer tiefer erfahren dürfen: selbst gesegnet zu sein und zum Segen zu werden für andere.

Anselm Grün

Literatur

- *Assländer, Friedrich/Grün, Anselm; Spirituell führen: Mit Benedikt und der Bibel*
Vier Türme Verlag, Münsterschwarzach 2006,
- *Assländer, Friedrich/Grün, Anselm; Spirituell Zeit gestalten: Mit Benedikt und der Bibel*
Vier Türme Verlag, Münsterschwarzach 2008
- *Baumeister, Roy; Die Macht der Disziplin: Wie wir unseren Willen trainieren können*
Goldmann Verlag, München 2014
- *Die Bibel, Einheitsübersetzung*
- *Emoto, Masaru; Die Botschaft des Wassers: Sensationelle Bilder von gefrorenen Wasserkristallen*
Koha Verlag, Burgrain 2010
- *Grün, Anselm; Du bist ein Segen*
dtv Verlag, München 2008
- *Grün, Anselm; Das Buch der Segenswünsche*
Herder Verlag, Freiburg 2016
- *Grün, Anselm; Geborgenheit finden – Rituale feiern, Wege zu mehr Lebensfreude*
Herder Verlag, Freiburg 2013
- *Grün, Anselm; Quellen innerer Kraft: Erschöpfung vermeiden – Positive Energien nutzen*
Herder Verlag, Freiburg 2017
- *Goethe, Johann Wolfgang; Faust 1. Der Tragödie erster Teil*
Reclam Verlag, Stuttgart 1992
- *Kingston, Karen; Feng Shui gegen das Gerümpel des Alltags*
Rowohlt Tb Verlag, Reinbek 2014

• *Küstenmacher, Marion/Küstenmacher, Tiki; simplify your life – Endlich mehr Zeit haben*
Knaur Verlag, München 2011
• *Luz, Ulrich; Das Evangelium nach Matthäus, Band I/1*
Benziger/Neukirchener Verlag, Zürich 2002
• *Nadolny, Sten; Die Entdeckung der Langsamkeit;*
Piper Tb Verlag, München 2010
• *Platon/Heitsch, Ernst; Platon Werke: Werke III/4. Phaidros: Bd III,4*
Vandenhoeck & Ruprecht 1997
• *Pradervand, Pierre; Segnen heilt: Wie dein Segen die Welt verändert und dich selbst*
Reichel Verlag, Regensburg 2010
• *Rosenberg, Marshall; Gewaltfreie Kommunikation: Eine Sprache des Lebens*
Junfermann Verlag, Paderborn 2012
• *Salzburger Äbtekonferenz (Hrsg.); Die Regel des heiligen Benedikt*
Beuroner Kunstverlag, Beuron 2006
• *Thich Nath Hanh; Das Wunder des bewussten Atmens*
Theseus in J. Kamphausen Verlag, Bielefeld, 2008
• *Thun, Friedemann Schulz von; Miteinander reden 1-4: Störungen u. Klärungen/Stile, Werte u. Persönlichkeitsentwicklung/Das „Innere Team" und situationsgerechte Kommunikation/Fragen u. Antworten*
Rowohlt Tb Verlag, Reinbek 2014
• *Tolle, Eckhart; Jetzt! Die Kraft der Gegenwart*
J. Kamphausen Verlag, Bielefeld 2010

Über die Autoren

Pater Anselm Grün, geboren 1945, trat nach dem Abitur in die Benediktinerabtei Münsterschwarzach ein. Nach dem Studium der Betriebswirtschaft und Theologie war er von 1977 bis 2013 Cellerar (wirtschaftlicher Leiter) des Klosters mit etwa 300 Mitarbeitern.

Jährlich besuchen über hunderttausend Menschen seine zahlreichen Vorträge und Seminare zu Themen der Lebenshilfe, Spiritualität und Mitarbeiterführung.

www.abtei-muensterschwarzach.de
www.anselm-gruen.de

Dr. Friedrich Assländer studierte Betriebswirtschaftslehre, Soziologie und Psychologie. Nach vielen Jahren als Manager in einem Finanzkonzern ist er seit 1984 selbstständiger Trainer und Unternehmensberater.

Von ihm stammen zahlreiche Veröffentlichungen zu den Themen Spiritualität und Systemaufstellungen. Er ist Mitbegründer und langjähriger Vorstand der Vereine 'Spirituelle Wege' und 'spiritual venture network'.

www.asslaender.de

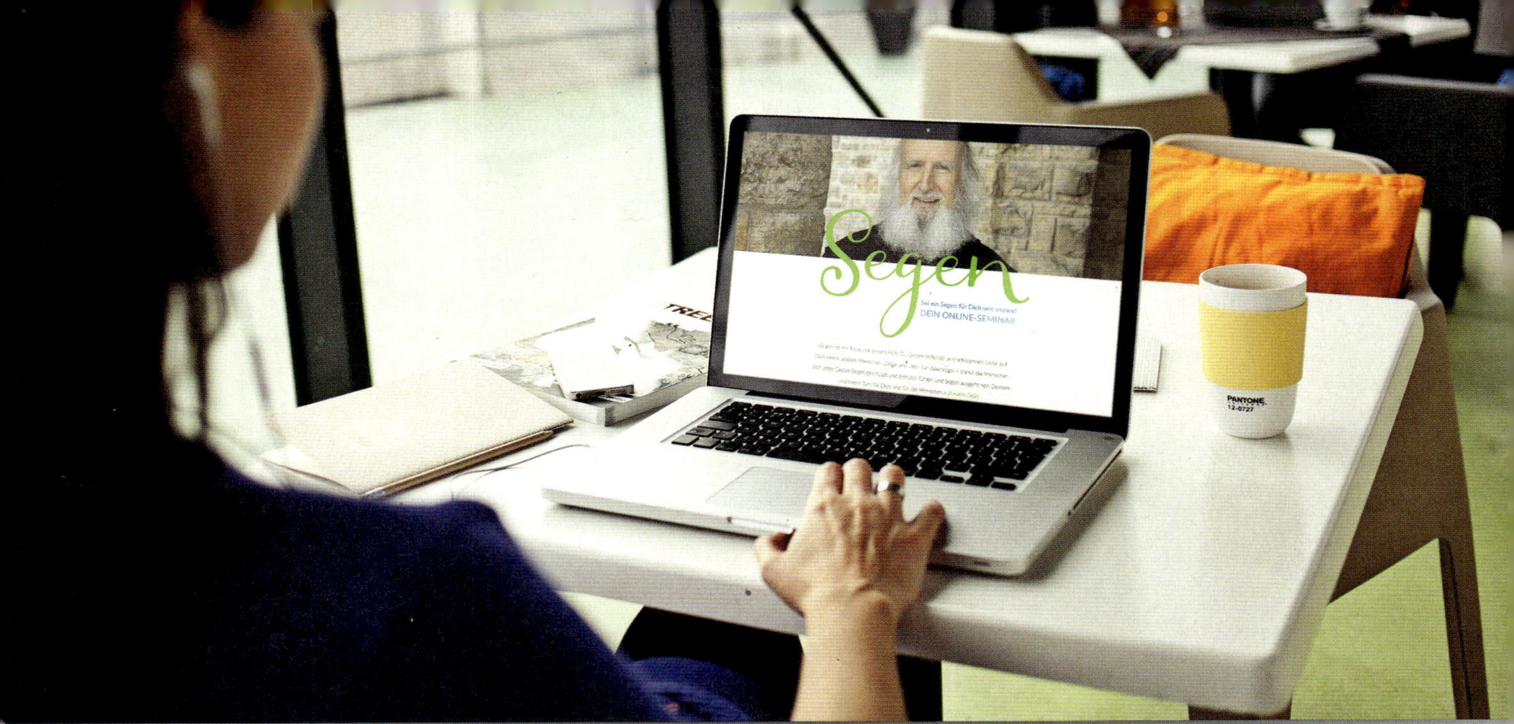